rüffer & rub visionär

Nicole Müller

PATRICK HOHMANN

DER BIO-BAUM-WOLL-PIONIER

Die Autorin und der Verlag bedanken sich für
die großzügige Unterstützung bei

Remei AG

Der rüffer & rub Sachbuchverlag wird vom Bundesamt
für Kultur mit einem Strukturbeitrag für die Jahre
2016–2020 unterstützt.

Erste Auflage Frühjahr 2019
Alle Rechte vorbehalten
Copyright © 2019 by rüffer & rub Sachbuchverlag GmbH, Zürich
info@ruefferundrub.ch | www.ruefferundrub.ch

Schrift: Filo Pro
Druck und Bindung: CPI – Ebner & Spiegel, Ulm
Papier: Salzer EOS naturweiß (FSC), 90 g/m², 1.75

ISBN 978-3-906304-51-9

Vorwort | *Anne Rüffer* 8
Patrick Hohmann und das weiße Gold 10

Vom Samen zum Kleidungsstück 22

Eine Kindheit in␣Alexandria 34
Im Schatten der Pfullinger Unterhose 45
Elisabeth Hohmann Holdener:
    Ehefrau, Verbündete, Sparringpartner 52
Ein Baumwollhändler geht pleite 63
Patrick Hohmann und Jürg Peritz:
    Zwei Männer engagieren sich für die Nachhaltigkeit .. 71
bioRe® India Ltd.. 83
bioRe® Tanzania Ltd. 104
Remei AG, bioRe® Stiftung, bioRe® Labels 120
Transparenz und Rückverfolgbarkeit vom
    fertigen Kleidungsstück bis zum Bauern 130
Das Lebenswerk loslassen 137

»*Der Lebhag*« *von Meinrad Inglin* 146
Patrick Hohmann zu seiner
    Lieblingserzählung »Der Lebhag« 147
»Der Lebhag« von Meinrad Inglin 150

Anhang	160
bioRe® Sustainable Cotton	161
bioRe® Sustainable Textiles	162
Welchen Beitrag können Sie als Konsument/in leisten?	163
Anmerkungen	164
Bildnachweis	165
Dank	166

*Meiner lieben Dida
in Dankbarkeit*

Vorwort

Anne Rüffer, Verlegerin

2. Dezember 2015, Genf. Im voll besetzten »Auditorium Ivan Pictet« hat sich ein hochrangiges Publikum versammelt, um die aktuellen Preisträger des Alternativen Nobelpreises zu ehren. Selten stimmt die Adresse eines Ortes so unmissverständlich mit den Inhalten der Veranstaltung überein wie an diesem Abend: »Maison de la Paix«. Deutschlands Umweltministerin Barbara Hendriks und UN-Generaldirektor Michael Møller eröffnen den Anlass, der unter dem Titel steht: »On the Frontlines and in the Courtrooms: Forging Human Security.«

In der darauf folgenden Diskussion der vier Preisträger von 2015 fällt auf einmal die Aussage, die mich elektrisiert: »Die UN wurde nach dem Zweiten Weltkrieg gegründet, um nachfolgende Generationen vor der Geisel des Kriegs zu bewahren. Seither hat es über 170 Konflikte gegeben – und ihr habt die Möglichkeit einer Abschaffung von Kriegen nie diskutiert? Come on, guys, das ist doch unglaublich!« Verlegenes Gelächter und ungläubiges Staunen im Publikum, doch Dr. Gino Strada, Gründer der internationalen Hilfsorganisation »Emergency« weiß nur zu gut, wovon er spricht: Seit den frühen 1990er-Jahren baut er Kliniken in Kriegsregionen und kümmert sich um die zivilen Opfer – 10 % sind Kämpfer der verschiedenen Kriegsparteien, 90 % Zivilisten. Er beendete sein Statement mit der Feststellung: »Nennt mich ruhig einen Utopisten, denn alles ist eine Utopie, bis jemand seine Idee in die Tat umsetzt.«

Einer der wohl meistzitierten Sätze der letzten Jahrzehnte lautet: »I have a dream.« Nicht nur Martin Luther King hatte einen Traum – viele Menschen träumen von einer gerechteren Welt für alle. Und es sind einige darunter – mehr als wir wissen und noch lange nicht genug –, die ihren Traum mit Engagement, Herz und Verstand realisieren. Es sind Pioniere in ihren Bereichen, man mag sie – wie Gino Strada, Martin Luther King, Mutter Teresa oder Jody Williams – durchaus Utopisten nennen. Doch: Jede große Errungenschaft begann mit einer Idee, einer Hoffnung, einer Vision.

Den Funken einer Idee, einer Hoffnung, einer Vision weiterzutragen und damit ein Feuer des persönlichen Engagements zu entzünden, das ist die Absicht, die wir mit unserer neuen Reihe – wir nennen sie »rüffer&rub visionär« – verfolgen. Im Mittelpunkt steht die persönliche Auseinandersetzung der Autoren mit ihrem jeweiligen Thema. In packenden Worten berichten sie, wie sie auf die wissenschaftliche, kulturelle oder gesellschaftliche Frage aufmerksam geworden sind, und was sie dazu veranlasste, sich der Suche nach fundierten Antworten und nachhaltigen Lösungen zu verpflichten. Es sind engagierte Texte, die darlegen, was es heißt, eine persönliche Verpflichtung zu entwickeln und zu leben. Ob es sich um politische, gesellschaftliche, wissenschaftliche oder spirituelle Visionen handelt – allen Autoren gemeinsam ist die Sehnsucht nach einer besseren Welt und die Bereitschaft, sich mit aller Kraft dafür zu engagieren.

So vielfältig ihre Themen und Aktivitäten auch sein mögen – ihr Handeln geschieht aus der tiefen Überzeugung, dass eine bessere Zukunft auf einem gesunden Planeten für alle möglich ist. Und: Wir sind davon überzeugt, dass jeder von uns durch eigenes Handeln ein Teil der Lösung werden kann.

Patrick Hohmann und das weiße Gold

»*Es kann nicht sein, dass ein Bauer aus Indien mein T-Shirt subventioniert.*«

Ein Frühsommertag, es ist kalt und windig. Im Garten des Restaurants »Tisch + Bar«, in Riesch-Rotkreuz, haschen die Kellnerinnen nach den Speisekarten, die davonsegeln, während die Gäste mit dem Gewicht ihrer Hand die Servietten am Davonflattern hindern. Ein Kellner kniet am Boden und fegt die Scherben eines hinuntergefallenen Glases aus dem Kies. Patrick Hohmann will zahlen. Er beugt sich über das Kartenlesegerät, das ihm die Kellnerin entgegenschiebt, hält das Gerät mit beiden Händen umfangen. »Ich sehe ja nichts«, sagt er und lacht. Ein erster Tippversuch misslingt. Hohmann blickt auf und blinzelt hoch zum Gesicht der Kellnerin, geblendet vom Licht. »Ich kann nichts sehen«, sagt er und lacht noch immer, entzückt wie ein Kind, das mehrere Male hintereinander in eine Pfütze springt. Erneut beugt sich der groß gewachsene Mann über das Tippfeld, die Augen ganz nah am kleinen Bildschirm. »Jetzt hat es geklappt«, sagt er zufrieden und lehnt sich zurück. Nichts sehen und es doch nochmals versuchen. Hinausgehen ins Ungefähre, scheitern und einen weiteren Versuch unternehmen. Sich auf das Eigene konzentrieren, während die Welt davonfliegt. Es ist, als würde in dieser winzigen Szene im Kleinen sichtbar, was Patrick Hohmann als Unternehmer im Ganzen ausmacht.

Patrick Hohmann ist ein Pionier der Bio-Baumwolle. Die Firma Remei, die er zusammen mit seiner Frau Elisabeth Hohmann Holdener und weiteren Freunden gegründet hat, ist der größte Anbieter von Bio-Baumwolle weltweit. Die zertifizierte bioRe® Baumwolle und die bioRe® Textilien, die aus ihr hergestellt werden, genügen fünf Kriterien: Sie basieren auf biologischem Anbau, sind fair produziert, CO_2-neutral, ökologisch und hautfreundlich. Darüber hinaus herrscht volle Transparenz über die gesamte Produktionskette. Konsumentinnen und Konsumenten können jeden einzelnen Zuarbeiter digital überprüfen, die ganze Linie zurück bis zum Bauern, der die Baumwolle ausgesät, großgezogen und geerntet hat.

Patrick Hohmann betrachtet das Geschäftsmodell, das er entwickelt hat, als Folge reiner Logik. Für den studierten Textilingenieur ist es selbstverständlich, dass man die Natur nicht mutwillig zerstört, wo sie doch die Lebensgrundlage aller Menschen ist, ganz gleich, auf welchem Kontinent sie leben. Auf Vernunft gründet für ihn auch ein Gemeinwesen, das in der Balance ist. Die ungleiche Behandlung von Menschen und die Tatsache, dass die Globalisierung den Armen ein asymmetrisches Risiko aufbürdet: Alles unlogisch. »Es kann doch nicht sein, dass ein indischer Bauer mein T-Shirt subventioniert«, so Hohmann.

Bis in die 1990er-Jahre hinein war Patrick Hohmann ein Garn- und Baumwollhändler wie andere auch. Eines Tages jedoch kommt Hohmann mit einem indischen Baumwollbauern ins Gespräch: »Ich wollte wissen, wie viel er verdient. Rund 1 Dollar pro Kilogramm. Und wie viel er davon in Chemie investiere: 70 Cents. Weil der Einsatz der Pestizide vom Staat zu 50 % subventioniert ist, gehen gleichzeitig nochmals 70 Cents an die Chemie. Für wen arbeitet der Bauer also? Er hat keine Beziehung zum Händler oder zum Kunden, produziert ins Leere und verschuldet sich dabei erst noch.« Die betriebswirtschaftliche Absurdität geht Hohmann nicht mehr aus dem Kopf. Wie kann es sein, dass ein Produkt, das mehr als 1,40 Dollar Aufwand erzeugt, nur einen Dollar einbringt? Und wie kommt es, dass die Menschen in der Landwirtschaft kaum etwas verdienen, während am anderen Ende der Produktionskette, beim Geschäft mit der fertigen Kleidung, die Gewinne nur so sprudeln?

Um das Singuläre an der Lebensleistung von Patrick Hohmann zu verstehen, muss man sich vor Augen halten, wie weit Baumwolle in die Gesellschaft hineinreicht. Wer sich einmal im Alltag umschaut, wird verblüfft sein, wie präsent dieser Stoff überall ist. Wir tragen T-Shirts, Blusen und Hemden. Wir schlüpfen in Jeans, streifen Baumwollsocken über. Babys liegen auf Baumwolltüchern und halten ihr baumwollenes Nuckeltüchlein in der kleinen Faust. In den Restaurants liegt makelloser Damast auf den Tischen. Wir schlafen unter Decken mit Baumwollbezügen, ziehen Vorhänge zu, alles aus 100 % Cotton. Abgesehen von diesen für alle sichtbaren Textilien versteckt sich die Baumwolle aber auch in Dingen, die überraschen. So etwa in Geldscheinen oder in der Umhüllung von Kaffeepads. Selbst das, was unter dem Label »Speiseöl« verkauft wird, ist oft nichts weiter als Öl aus den Baumwollsamen.

In einer umfassenden, spannend zu lesenden Studie mit dem Titel »King Cotton« hat der deutsche Historiker Sven Beckert, Professor an der renommierten Harvard University, der Baumwolle ein Denkmal gesetzt. Er weist nach, dass die industrielle Revolution von der Baumwolle entfacht wurde und Europa immensen Reichtum bescherte. Bis 1760 kleideten sich die meisten Menschen in Europa in Leinen und Wolle, in höheren Ständen vielleicht noch in Seide. Diese Stoffe kratzten, waren schwer zu waschen und ließen sich nur mit Mühe färben. Die Welt unserer Ahnen war – abgesehen von den bunten Kirchen und den schön bemalten Herrenhäusern – farblos, und sie roch ziemlich streng. Mit dem Aufkommen der Baumwolle änderte sich dies fundamental.

Beckert weist in seinen Forschungen nach, dass die Globalisierung, wie wir sie kennen, von der Baumwolle initiiert, angeschoben und zur Blüte gebracht wurde. Die tiefe Kluft, die heute den globalen Norden vom globalen Süden trennt, hat im Wesentlichen mit der Baumwollindustrie des 19. Jahrhunderts zu tun. Anders als andere Rohstoffe wie etwa Reis oder Tabak kennt die Baumwolle zwei intensive Phasen: jene auf dem Feld und jene in den Fabriken. Baumwolle muss entkernt und zu Ballen gepresst werden, ihre Fasern müssen zu Garn versponnen werden. Das Garn muss zu Stoff verwoben, gewirkt oder gestrickt werden, je nachdem, ob daraus ein Jersey-Spannlaken oder ein leichter Sommerpullover entstehen soll. Und schließlich müssen die Stoffe gefärbt und konfektioniert werden.

Es war nicht allein die Erfindungsgabe der technisch versierten Europäer und Amerikaner, nicht allein ihr Geist der Aufklärung, die Manchester, das elsässische Mulhouse oder Lowell in Massachussetts zu Zentren der Weltwirtschaft werden ließen. Es war vielmehr das, was Beckert »Kriegskapitalismus« nennt: die mit Gewalt vorgenommene Enteignung von Land und die Versklavung von Menschen in Asien, Afrika und den beiden Amerikas. Erst der Kriegskapitalismus brachte die Teilung in einen agrarisch geprägten Teil der Welt und in einen produzierenden Teil der Welt hervor. Es war die Baumwollindustrie, die ganz entfernte Gegenden miteinander verknüpfte und zu Schicksalsgemeinschaften verschweißte. »Die Baumwolle [ist] ein Schlüssel zum Verständnis der modernen Welt, der großen Ungleichheiten, die sie charakterisieren, der langen Geschichte der Globalisierung und der sich ständig wandelnden Ökonomie des Kapitalismus«,[1] so Historiker Beckert.

Während Jahrhunderten bauten die indischen Bäuerinnen und Bauern Baumwolle zum Eigengebrauch an. Die Stoffe, die sie am Handwebstuhl webten, waren für sie selbst bestimmt, allenfalls noch zur Abgabe an die lokalen Herrscher. Nach der industriellen Revolution, d.h. nach dem Aufkommen des Maschinenzeitalters an der Wende des 19. zum 20. Jahrhundert, wurden die indischen Märkte mit billigen, maschinell hergestellten Baumwollstoffen aus Europa, hauptsächlich aus England, geflutet. Damit waren die Entwicklungsmöglichkeiten der indischen Wirtschaft gekappt, die Bauern wurden gewaltsam in die Arbeit auf dem Feld gezwungen. Es ist kein Zufall, dass Mahatma Ghandi den handgewobenen Khadi-Baumwollstoff zum Symbol des gewaltfreien Widerstandes gegen die Briten machte. Voller Stolz trug er das traditionelle, handgewobene Beinkleid namens Dhoti und forderte seine Landsleute auf, einheimische Stoffe zu tragen. Damit zeigte er den Inderinnen und Indern einen Weg auf, die Einwilligung in die eigene Unterdrückung zu verweigern. Ghandis gewaltloser Widerstand war erfolgreich: Bis heute ziert das Spinnrad die indische Flagge.

Als sich im 19. und im frühen 20. Jahrhundert die Arbeiterinnen und Arbeiter in den höllisch lauten, verrauchten Fabriken Europas zu wehren begannen, höhere Löhne und Sozialleistungen verlangten, kehrte die Textilindustrie schrittweise nach Asien und Afrika zurück. In den Ländern, in denen heute Textilien produziert werden, kommt es in unregelmäßigen Abständen zu Skandalen, die uns zwar aufschrecken, die uns aber auch mit einem diffusen Gefühl der Ohnmacht erfüllen. Als am 24. April 2013 eine Näherei in Bangladesh einstürzte und 1135 Menschen unter sich begrub, war die Empörung überall auf der Welt groß. Gleichzeitig wurde aber aus der Berichterstattung ersichtlich, dass die Schuldigen nicht so einfach gefunden werden können, dass im Gegenteil gewaltige systemische Kräfte wirken, die den einzelnen Menschen oft ratlos zurücklassen.

Die Baumwollindustrie ist ein globales, arbeitsteiliges, extrem ausdifferenziertes Milliardengeschäft mit einer Menge an Stellschrauben und Parametern, von denen wir uns, die wir ganz gewöhnliche T-Shirt-Träger sind, keinen Begriff machen. Die Baumwolle wird meist in strukturschwachen Gegenden angepflanzt und geerntet. Dort fehlt in der Regel eine zuverlässige Versorgung mit Strom. Der Rohstoff wird abtransportiert und damit entschwindet für die betreffende Region auch die Möglichkeit, an der weiteren Wertschöpfung der Baumwolle teilzuhaben. Die Entkernung des Rohstoffes, das Verspinnen der Baumwollfasern zu Garn, das Weben, all dies sind Arbeitsschritte, die andernorts erfolgen, weit weg von dort, wo die Baumwolle das Licht der Sonne erblickt hat. Nicht selten wird der Rohstoff zur Weiterverarbeitung sogar in ein anderes Land gebracht. Die Baumwollindustrie ist eine nomadisierende Industrie, die der Spur des günstigsten Preises folgt: Wenn es günstiger ist, die tansanische Baumwolle in Sambia zu verspinnen, dann schafft man sie eben nach Sambia, auch wenn es in Tansania Spinnereien gibt, die die Arbeit übernehmen könnten.

Die Abnehmer von Baumwollprodukten agieren global. Die Anbieter dagegen hängen von lokalen Rahmenbedingungen ab. So ist es durchaus möglich, dass eine Regierung im Land A den Mindestpreis für Baumwolle anhebt mit dem Ziel, Mehreinnahmen für die einheimischen Bauern zu generieren. Wenn aber die globalen Abnehmer den gleichen Typ Baumwolle in Land B günstiger bekommen können, dann verdienen die Bauern in Land A nicht nur nicht mehr, sondern gar nichts mehr. Das System ist fragil und vertrackt. Auch die Tatsache, dass der Baumwollpreis in Dollar notiert, setzt die Bauern großen Risiken aus. Die Ernte kann gut sein, die Qualität auch, aber wenn der Dollar eine Abwertung erfährt, dann erhalten die Bauern real weniger Geld in ihrer Landeswährung. Zu den systemischen Risiken gesellt sich die Abhängigkeit vom Wetter, ein Risiko, das sich in Zeiten des Klimawandels laufend verschärft.

»Der Konsument trägt Baumwolle oder kauft Karotten und weiß gar nicht, was eigentlich dahintersteht«, sagt Patrick Hohmann. Will man es etwas genauer wissen, so ist man rasch mit unangenehmen Tatsachen konfrontiert. Rund 200 Millionen Menschen leben direkt oder indirekt von der Baumwolle, von ihrem Anbau oder den nachgelagerten Arbeitsprozessen. Großmächte im Anbau von Baumwolle sind Indien, China und die USA. Platz fünf, sechs und sieben belegen Brasilien, Pakistan und die Türkei. Von den jährlich rund 80 Millionen Tonnen geernteter Baumwolle ist nur ein verschwindend kleiner Teil Bio-Baumwolle, man schätzt ihren Anteil auf 1 %. Baumwolle in der Art, wie sie heute üblicherweise angebaut wird, ist ein Desaster für Mensch und Umwelt. Der Aralsee zum Beispiel, der zu Usbekistan und Kasachstan gehört, war vor 30 Jahren noch so groß wie ganz Bayern. Heute ist der einstige See praktisch trockengelegt, geblieben ist eine giftige, staubige Salzwüste, eine Folge der beim Baumwollanbau in Usbekistan verwendeten Pestizide. Mit einem ausgeklügelten Bewässerungssystem haben die sowjetischen Ingenieure den 30 Meter tiefen See angezapft, denn es braucht zwischen 10 000 und 20 000 Liter Wasser für 1 Kilogramm Baumwolle. Wo natürliche Niederschläge fehlen, kommt es zu massiven Umweltschäden, die das Weltklima verschlechtern und uns alle angehen. Wasser ist nicht das einzige Problem. Auch die Beschädigung der »grünen Lunge« gehört zu den Folgen des industriell angelegten Baumwollanbaus. So werden in Brasilien Jahr um Jahr Tausende Hektar Urwald abgeholzt und gerodet, um Baumwolle zu pflanzen.

Es gehört zu den bitteren Ironien der Baumwollbranche, dass die Umweltsünden Hand in Hand gehen mit einer zunehmenden Verarmung der Menschen, die die Baumwolle anbauen. So muss China, der größte Baumwollproduzent der Welt, immer wieder gigantische Mengen an Baumwolle aufkaufen und horten, um die eigenen Produzenten per Staatsintervention zu schützen. Die Baumwolle wird dem Markt entzogen und künstlich verknappt, um den Preis stabil zu halten. Auch die USA verzerren mit ihrer Subventionspolitik den Markt. Bis 2014 erhielten die amerikanischen Baumwoll-Farmer mehr Subventionen, als der Verkauf des Rohstoffes einbrachte. Als Brasilien die USA wegen dieser Handelsverstöße einklagte, mussten die Vereinigten Staaten von Amerika 300 Millionen Dollar Buße bezahlen und die Subventionen an ihre Farmer in Texas, Georgia, Arkansas, Mississippi und Kalifornien streichen. Wirklich verändert hat sich aber nichts. Die Baumwoll-Farmer werden weiterhin staatlich unterstützt mit Defizitgarantien, mit Entschädigungen, die als Unterstützung für Hurrikan-Opfer getarnt sind, und mit massiv vergünstigten Ernteausfall-Versicherungen. Dabei ist es nicht etwa so, dass die amerikanischen Baumwoll-Bauern besonders begütert wären. Viele von ihnen kommen nur mit einem Zweitverdienst über die Runden, mit einem Job irgendwo in der Stadt. Sie sind ebenfalls Opfer eines Marktes, bei dem es zu keiner echten Preisbildung mehr kommt. Manche von ihnen würden gern aus der Baumwolle aussteigen, haben sich aber mit einem Maschinenpark verschuldet, der nur für die Baumwollernte zu gebrauchen ist. Eine Maschine, die die Baumwolle mechanisch erntet, kostet schnell einmal 750000 Dollar – zugleich erlauben Monokulturen wenig Flexibilität. Hinzu kommt, dass die Baumwoll-Farmer Angestellte auf der Gehaltsliste stehen haben, Menschen, für die sie sich verantwortlich fühlen. Abgesehen davon muss es eine deprimierende Erfahrung sein, ständig am Tropf der Steuerzahler zu hängen und ein Produkt herzustellen, das keinen wirklichen Gewinn abwirft.

Es gibt aktuell keine genauen Zahlen, wie viel der insgesamt angebauten Menge an Baumwolle transgen ist. Je nach Quelle wird ihr Anteil mit 64–81% beziffert.[2] Zwischen 51 Millionen Tonnen und 65 Millionen Tonnen Rohbaumwolle jährlich sind folglich transgen. Das heißt, dass das Erbmaterial der Baumwollpflanze mit einem Protein manipuliert wurde, das die klassischen Baumwoll-Schädlinge tötet bzw. töten sollte. Falls Sie nicht ganz bewusst ein Kleidungsstück aus Bio-Baumwolle gekauft haben, dann tragen Sie gerade jetzt, wenn Sie diese Zeilen lesen, ein Kleidungsstück aus genmanipulierter Baumwolle. Die Erfahrung zeigt, dass in den ersten drei, vier Jahren die Ernte von genmanipulierten, hybriden Pflanzen tatsächlich üppiger ausfällt und der Verbrauch von Pestiziden zurückgeht. Nach dieser Frist jedoch entwickeln die Schädlinge Resistenzen, und das bedeutet schärfere Pestizide in noch höheren Dosen, noch mehr Genmanipulation, erneut aggressivere Pestizide etc. Genmanipuliertes Saatgut ist außerdem patentiert. Nicht zuletzt ist der Samen, der aus einer genmanipulierten Pflanze entsteht, nur eingeschränkt keimfähig. Die Idee dahinter: Der Bauer muss jedes Jahr frisches Saatgut kaufen und spült so den Großkonzernen Geld in die Kasse. Swissaid schätzt, dass drei Agrarkonzerne inzwischen rund zwei Drittel des gesamten Baumwoll-Saatgutes besitzen. Das ist nicht nur eine gefährliche Einschränkung der Bio-Diversität, sondern eine existenzielle Bedrohung für die Bauern.

»Näherinnen sind unterbezahlt«, kommentiert Patrick Hohmann, »aber die Landwirtschaft ist noch unterbezahlter.« Die Bauern in armen Ländern haben keine Ersparnisse. Deshalb kaufen sie Saatgut und Pestizide auf Pump. In der Hoffnung natürlich, dass der Verkauf der Ernte genügend Geld einbringt, um die Ausgaben zu decken. Wenn etwas dazwischenkommt – ein Schädlingsbefall, schlechtes Wetter, Wasserknappheit –, schnappt die Schuldenfalle zu. Jedes Jahr berichten indische Tageszeitungen wie »Times of India« oder »The Hindu« von Suizidserien der Bauern in ländlichen Gebieten. Obwohl der Ton der Artikel durchaus mitfühlend ist, wird selten über die effektiven Hintergründe berichtet.

Ein einzelner Mensch kann gleichzeitig viel und wenig ausrichten. Wenn Patrick Hohmann irgendwo auf dem Perron eines Bahnhofes steht, ist er ein Passant unter Passanten. Ein großer, breitschultriger, freundlich wirkender Mann in Windjacke und Chinos, den Rucksack über die eine Schulter geworfen. Er hat sein halbes Berufsleben dafür eingesetzt, das Los der Bauern zu verbessern und Baumwolle mit der Natur und nicht gegen die Natur zu produzieren. Trotzdem wird das Geschäftsmodell, das er gemeinsam mit seinen Partnern in jahrelanger Arbeit entwickelt hat, immer wieder herausgefordert und angepasst. Die Produktionsabläufe der bioRe® Sustainable Cotton & Textiles sind enormen Fliehkräften und der Übermacht einer Industrie ausgesetzt, bei der die Rendite an erster Stelle steht. Dem Sog der Maximierung zu widerstehen erfordert menschliche Wärme, Mut und sehr viel Erfindungsgabe von der Art, wie sie David zum Sieg gegen Goliath verholfen hat.

Patrick Hohmann hat Verantwortung übernommen und diese Verantwortung im Bereich der Baumwolle konkretisiert. Das ist zweifellos beeindruckend, aber nur ein Teil dessen, was ihn als Zeitgenossen so inspirierend macht. Patrick Hohmann ist ein Wirtschaftskünstler. Wenn man sein Lebenswerk verfolgt, dann verblüfft vor allem die Mischung aus nüchterner Analyse, Kreativität und Rechenkünsten, knochentrockenem technischen Wissen und Experimentierlust. Er ist Buchhalter und Philosoph in einer Person. Die absolute Akzeptanz von Schwierigkeiten hat ihn als Unternehmer erfolgreich gemacht. »Es steht nirgendwo geschrieben, dass das Leben einfach sein soll. Das Leben ist immer ein bisschen Glück und ein bisschen Unglück«, so der Unternehmer. Patrick Hohmann weiß, dass das, was er erreicht hat, fragil und beweglich bleibt. In diesem Sinne besteht die eigentliche Inspiration dieses Pioniers in einer Geisteshaltung, die mit agilen, leicht beweglichen Konstellationen umzugehen versteht und angemessen auf sie reagieren kann. Kreativ und mit feinem Gefühl für die Bedürfnisse von Mensch, Natur und Tieren.

Patrick Hohmann und sein Team weigern sich, sich entmutigen zu lassen. Einem weitgehend gesichtslosen System setzen sie das Vertrauen auf den einzelnen Menschen entgegen. Die Mächtigen werden uns nicht retten, so viel ist klar. Pioniere wie Patrick Hohmann oder Filme wie »Tomorrow« und »Fair Traders« zeigen auf, dass Veränderung im Kleinen beginnt, als eine »Grass-root«-Bewegung, die andere inspirieren und begeistern kann. Das Neue entsteht fast immer an den Rändern der Gesellschaft. Es bereitet sich langsam vor, oft im Verborgenen, getragen von einzelnen Menschen, die unzufrieden sind mit den Verhältnissen und neue Wege gehen möchten. »He may be a dreamer«, könnte man über Patrick Hohmann in Abwandlung von John Lennons Song sagen. »But he is not the only one.« Mit etwas Glück und weiteren Menschen, die bereit sind, Verantwortung zu tragen, kann das Neue vom Rand in die Mitte der Gesellschaft wandern, bis man eines Tages den Kopf darüber schütteln wird, was man einst für »normal« zu halten bereit war. »Eine Systemauflösung ergibt sich nur, wenn das System überflüssig geworden ist«, meinte Patrick Hohmann einmal. Das war einer von diesen Sätzen, die er so bescheiden ins Gespräch streut und die man erst hört, lange nachdem sie gesagt worden sind. Es lohnt sich, über diese Aussage nachzudenken.

VOM SAMEN ZUM KLEIDUNGSSTÜCK

Große Zeiträume, mehrere Kontinente: Der Weg vom Anbau der Baumwolle bis zum fertigen Kleidungsstück ist beeindruckend lang und arbeitsteilig. Mit dem Anbau von Bio-Baumwolle alleine ist es nicht getan. Patrick Hohmann hat mit seiner Firma Remei und den bioRe® Stiftungen große Anstrengungen unternommen, um die gesamte Lieferkette nach folgenden Werten zu gestalten:

- Biologische Baumwolle
- Faire Produktion
- Ökologisch und hautfreundlich
- CO_2-neutral
- Rückverfolgbar bis zum Anbau

Es gibt unzählige Stellschrauben und Parameter, die die Lieferkette beeinflussen können. Zu ihnen zählen klimatische und kulturelle Gegebenheiten, regulatorische Bestimmungen, Infrastrukturen und Innovationen, Trends und nicht zuletzt die Bereitschaft der Konsumentinnen und Konsumenten, komplizierte Prozesse zu verstehen, finanziell und ideell mitzutragen. Partnerschaftliche Beziehungen und gegenseitiges Verständnis sind wichtig auf dem Weg zu Kleidungsstücken, die mit der Natur und mit den Menschen und nicht gegen sie produziert werden.

Vorfinanzierung

Bauern in Tansania und Indien leiden meistens unter dem Mangel an Bargeld. Zahltag ist ja nur einmal im Jahr, zur Erntezeit. bioRe® übernimmt die Vorfinanzierung mit zinslosen Darlehen oder der Abgabe von Saatgut in Kommission. Auch das Risiko einer Überproduktion trägt bioRe®. Dank der Abnahmegarantie von 80 % wird vermieden, dass der Bauer auf seiner Ware sitzenbleibt. Das entlastet die Familien und ermöglicht ihnen eine bessere Planung.

Saatgutforschung

bioRe® India betreibt ein staatlich anerkanntes Forschungsinstitut und investiert in die Saatgutforschung. Da in Indien die meiste Baumwolle genmanipuliert ist, steht gentechfreier Samen nicht mehr in ausreichender Menge zur Verfügung. 2020 wird bioRe® große Mengen an gentechfreiem Saatgut anbieten können, und zwar auch natürliche Hybrid-Sorten, die eine besonders üppige Ernte ergeben.

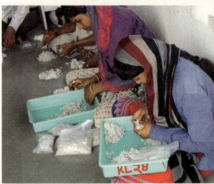

Aussaat

Die Aussaat von Baumwolle erfolgt vor dem Beginn der Regenzeit, in Indien im Mai oder Juni, in Tansania im November, Dezember und Januar. Gesät wird in Reihen, von Hand oder mit einer Handmaschine. bioRe® Baumwolle wird in Fruchtfolge angepflanzt, damit sich der Boden erholen kann. Angepflanzt werden nach der Baumwollernte z. B. Gemüse, Hülsenfrüchte, Hirse oder Mais.

Pflanzenschutz und Dünger

bioRe® Baumwolle wird ohne chemische und synthetische Pestizide und ohne Gentech angebaut. Zum Einsatz kommen Nützlinge und natürliche Pflanzenschutzmittel, etwa ein Sud aus den Blättern des Neem-Baumes. Auch gefüllte, in der Erde vergrabene Kuhhörner aus der bio-dynamischen Landwirtschaft kommen zum Einsatz. Es werden Maßnahmen zur Verhinderung der Bodenerosion getroffen, z. B. mit Naturhecken.

Wachstum

Die Baumwolle braucht viel Wasser. Zwischen 10 000 bis 17 000 Liter braucht es, um 1 Kilogramm Baumwolle zu produzieren. Während der Regenzeit ist – sofern der Klimawandel den Ablauf der Jahreszeiten nicht stört – genügend Wasser vorhanden, um die Pflanze rasch wachsen zu lassen.

Ernte

Meist sind es die Frauen, welche die Pflanzenreihen abgehen und die Baumwollbäusche pflücken. Die geöffneten Kapseln sind trocken und haben spitze Enden, auf die man achtgeben muss, damit man sich nicht verletzt. Die gepflückten Bäusche enthalten pelzige Baumwollsamen.

Sammeln

Die Bauern sammeln die Baumwolle auf ihren Feldern und verpacken sie in Betttücher. Das ganze Jahr über fiebert man der Ernte entgegen, bangt und hofft, dass alles gut geht. Eine gute Ernte entlastet die Familien und sorgt für gute Laune.

Transport

bioRe® betreibt zentrale Lagerhallen und Annahmestellen für die Baumwolle. Die Bauern bringen ihre Ernte mit dem eigenen Gefährt dorthin. Die meisten Bauern bringen die Baumwolle mit dem Ochsenkarren. In Ausnahmefällen wird die Ernte auch abgeholt.

Annahmestellen

Die Qualität der angenommenen Baumwolle wird geprüft, die Menge gewogen. Vom »pink bollworm« befallene Baumwolle hat einen Gelbstich, die Fasern sind beschädigt. In den Annahmestellen wird die Baumwolle in Säcke gepackt und zum Weitertransport vorbereitet.

Entkernung

In der Entkernungsanlage werden die Samen mit mechanischen Kämmen aus den weißen Bäuschen ausgekämmt und separiert. Endprodukte sind die gepressten Rohbaumwoll-Ballen und Samen, den man für die nächste Aussaat wiederverwenden kann. Baumwollsamen können auch gepresst und zu Speiseöl verwertet werden. Die Einhaltung der Produktionsbedingungen und die Sozialstandards werden laufend überprüft. Regelmäßige Besuche und partnerschaftliche Entwicklung fördern das konstruktive Miteinander.

Spinnerei

Aufgrund mangelnder Infrastruktur (Strom, Ersatzteile, Fachkräfte etc.) wird die Baumwolle meist weit weg vom Anbaugebiet zu Garn versponnen. Die Festigkeit und Dicke des Garns definiert bereits die spätere Verstrickung zu feinem Jersey bzw. zu einer festeren Maschenware. Die Remei steuert die Garnproduktion und sorgt dafür, dass an mehreren Standorten weltweit Garn für die lückenlose Produktion verfügbar ist. Auch hier wird die Einhaltung kontrollierter Produktionsbedingungen und der Sozialbedingungen geprüft.

Design

Die Kollektionen werden am Hauptsitz der Remei AG in Rotkreuz entworfen. Die Designerin gestaltet ganze Kollektionen oder einzelne Bekleidungsteile in Absprache und nach den Vorgaben der Einkäufer der jeweiligen Handelsmarke, z.B. Coop. Bereits im Design müssen die Anforderungen des Standards bio-Re® Sustainable Textiles mitbedacht werden, ein wichtiger Schritt zu einem *sauberen* Textil.

Stoffherstellung

Die Bio-Baumwolle von bioRe® wird in Litauen und Indien auf hochmodernen Maschinen zu Maschenware verarbeitet. Remei lässt keine gewebten Stoffe herstellen, da die Quantitäten für den aktuellen Markt von Remei zu groß wären. Allerdings werden bioRe® Garne auch nach Japan verkauft, wo Webstoffe aus Bio-Baumwolle für den japanischen Markt entstehen.

Färben

Das Färben erfolgt ohne Einsatz von Giftstoffen, das Abwasser wird geklärt. Auch hier werden die Einhaltung kontrollierter Produktionsbedingungen und die Sozialstandards geprüft. Regelmäßige Besuche und ein ständiger Dialog mit den Produktionspartnern ermöglichen die stete Verbesserung der Prozesse.

Zuschnitt

Ausgewählte SA8000-zertifizierte Produktionsstätten konfektionieren die bioRe® Kleidungsstücke. Der direkte Kontakt der Remei zu den Produktionspartnern ist die Grundlage zur Produktionssicherheit und zu der Weiterentwicklung der Textilprodukte. Persönlicher Kontakt zu den Produktionspartnern ist in der Textilbranche die absolute Ausnahme.

Konfektionierung

Die Betriebe, die bioRe® Kleidungsstücke konfektionieren, sind SA8000-zertifiziert. Die Näher und Näherinnen erhalten existenzsichernde Löhne, ihre Anliegen können sie mithilfe von Arbeitnehmervertretungen wahrnehmen. Die vereinbarten Produktionsbedingungen und Sozialstandards werden geprüft. Beim Bedrucken und Besticken gelten ökologische Standards, die regelmäßig kontrolliert werden. Die Druckpasten und Pigmente sind unbedenklich, ebenso das Stickgarn für Applikationen.

Kollektionen

Das Label bioRe® Sustainable Textiles setzt den höchsten Bio-Baumwoll-Standard weltweit bezüglich der ganzheitlichen Verknüpfung von Ökologie und sozialen Standards. Es ist das bisher einzige Label, das hohe ethische und ökologische Werte über die gesamte Lieferkette der Textilien – von der Faser bis zum fertigen Bekleidungsstück – konkret nachweisen und garantieren kann.

Die Marke bioRe® bietet Entscheidungsträgern im Textilhandel und Endkonsumenten Orientierung und Identifikationspotenzial – Upgrade your Style.

Geotracking

Die strengen Kontrollen, die firmenintern und über zertifizierende Institutionen gewährleistet sind, können von den Konsumenten lückenlos rückverfolgt werden. bioRe® Produkte weisen einen QR-Code auf, den man dank einer QR-App mit dem Handy fotografieren und auflösen kann. Eine Liste weist alle am Produktionsprozess beteiligten Betriebe aus. Lieferantengeheimnisse gibt es keine, da Nachahmung ausdrücklich erwünscht ist.

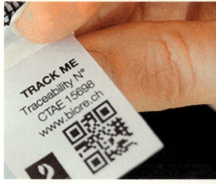

Eine Kindheit in Alexandria

»*Ich bin schon sehr früh einem Ruf gefolgt.*«

Treibende Kraft in der Familie, in die Patrick Hohmann hineingeboren wurde, war zweifelsohne seine Mutter. Ellen Hohmann, geborene Collins, wurde 1920 im französischen Städtchen Bar-sur-Aube geboren. Ihr Vater Charles Collins war ein nach Amerika ausgewanderter Ire mit britischem Pass. Im Ersten Weltkrieg musste Collins nach Europa zurückkehren, um unter britischer Flagge zu kämpfen. Irland war damals noch nicht unabhängig, sondern Teil des Vereinigten Königreiches. Als Collins sich in die Französin Annemarie Thierry verliebte, heiratete er und blieb bis zum Ausbruch des Zweiten Weltkrieges in Bar-sur-Aube.

In den Adern von Ellen Hohmann Collins floss das Blut der Revolution. Zu ihren Vorfahren gehörte nämlich Daniel O'Connell (1775–1847), dem in jeder irischen Kleinstadt eine Straße gewidmet ist. Daniel O'Connell war ein Freiheitskämpfer, der die Gleichstellung von Katholiken und Protestanten anstrebte und auch erreichte. Er strebte außerdem die Gleichberechtigung der Bauern und der Juden an. Das zweite große Anliegen von Daniel O'Connell als Abgeordneter im britischen Unterhaus war die Aufhebung der Union von Großbritannien und Irland. Dabei setzte der überaus populäre Politiker auf Massendemonstrationen und gewaltfreien Widerstand. Seine Prophezeiung, dass dieser Kampf ein gewaltsames Ende nehmen würde, wenn sich die britische Elite nicht rechtzeitig bewege, sollte sich leider bewahrheiten.

Ellen Collins war eine groß gewachsene, überaus intelligente und attraktive junge Frau, die umgehend gegen die Nazis Stellung bezog, als diese in Europa an die Macht kamen. Noch minderjährig, bewarb sie sich bei der Royal Air Force, konnte aber die Stelle nicht antreten, weil ihr der Vater die Unterschrift verweigerte: Irland war inzwischen unabhängig geworden, und eine Collins sollte seiner Ansicht nach nicht freiwillig unter britischer Flagge kämpfen.

Als die Deutschen im Frühling 1940 den Blitzkrieg beginnen und Frankreich besetzen, flüchtet die Familie mit dem letzten Schiff nach Dover und von dort aus nach London. Inzwischen ist Ellen Collins volljährig. Sie bewirbt sich erneut als Teletypistin bei der Royal Air Force und wird angenommen. Sie ist bereits auf dem Schiff auf dem Weg zu ihrem Posten in Palästina, als es dort zu Bombardierungen kommt. Das Schiff wird umgeleitet und landet schließlich in Alexandria, Ägypten.

Eine ganz andere Vorgeschichte hat der Vater von Patrick Hohmann. Gerhart Wilhelm Hohmann, geboren 1910, ist ein Waisenkind und stammt aus bescheidenen Verhältnissen. Sein Vater stirbt 1926 an einem Herzversagen, kurz darauf erkrankt seine Mutter an Tuberkulose und stirbt ebenfalls.

Für Gerhart, den ältesten von insgesamt vier Brüdern, organisiert sein Vormund ein Zimmer bei einer Familie, damit er seine Lehre als Kaufmann beenden kann. Seine Brüder werden im Waisenhaus untergebracht. Gerhart Hohmann besteht die Lehrabschlussprüfungen mit einem so glänzenden Resultat, dass man ihm gleich eine Stelle bei der Reinhart AG in Winterthur anbietet. Der Name des Unternehmens ist der breiteren Öffentlichkeit vor allem aufgrund des Mäzenatentums der Gründer geläufig. So ist etwa die Sammlung Reinhart in Winterthur mit ihren Kunstschätzen international als Kleinod von hoher Qualität geachtet. Weniger präsent ist die Tatsache, dass

S. 36 | Patrick Hohmanns Vater Gerhart Hohmann war bereits Baumwollhändler in Ägypten und im Sudan.

Links oben | Patrick Hohmann als Klosterschüler in Einsiedeln.

Rechts oben | Patrick Hohmann als Kind, zusammen mit seinem jüngeren Bruder Kevin.

Mitte | Ellen Hohmann Collins, die Mutter von Patrick Hohmann.

Unten | Patrick Hohmann mit Schaf.

die Firma bis heute zu den größten Baumwollhändlern der Welt gehört: 5–6 % der gesamten Jahresproduktion an Baumwolle werden nach wie vor an den Tischen der Reinhart AG in Winterthur abgewickelt.

Für Gerhart Hohmann erweist sich die Stelle bei der Reinhart AG als Glücksfall. 1929 wird dem jungen Kaufmann eine aussichtsreiche Stelle angeboten: Er kann als persönlicher Sekretär von Albert Reinhart entweder in Indien oder Ägypten arbeiten. Hohmann entscheidet sich für Ägypten. Von dort aus nämlich ist es einfacher, in die Schweiz zu reisen, um seine Brüder, die nach wie vor im Waisenhaus leben, zu besuchen. 1949 – Gerhart Hohmann hat sich inzwischen in der Firma Reinhart zum vollamtlichen Baumwollhändler hochgearbeitet – wird er Teilhaber der in Ägypten domizilierten Escher AG, einer Handelsfirma für Baumwolle, die er schließlich ganz übernimmt.

Die Ehe der Eltern war wie Feuer und Wasser. Auf der einen Seite der stille, tüchtige und gewissenhafte Vater mit einem ausgeprägten Hang zum Abenteuer. Wenn ihn seine Frau nicht daran gehindert hätte, wäre Gerhart Hohmann ohne Weiteres alleine im Faltboot den Weißen Nil entlanggepaddelt. Auf der anderen Seite die standesbewusste, temperamentvolle Frau aus guter Familie, die nach all den im Bunker verbrachten Bombennächten in London eine leise Verachtung für die vom Krieg verschonten Schweizer pflegte. Ellen Hohmann Collins weiß sich auf dem gesellschaftlichen Parkett in Alexandria sicher zu bewegen, ihrem Ehemann gefällt das. Sie hat ausgezeichnete Manieren, ist geistreich und gebildet. In Ägypten beginnt sie, sich mit Archäologie zu beschäftigen, das einzige Hobby, das ihren Ehemann ebenso sehr begeistert wie sie selbst. Im Übrigen wird Ellen Hohmann Collins eine schwierige Persönlichkeit nachgesagt. Wertschätzung für die Leistungen anderer Menschen zu zeigen fällt ihr nicht leicht. Sie hat eine genaue Vorstellung davon, wie die Dinge zu sein haben. Spielraum für Verhandlungen gibt es nicht. So wird sie – ganz dickköpfige Irin – ihrem Mann bis ans Ende seines Lebens zusetzen und ihn dazu drängen, zum Katholizismus zu konvertieren. Gerhart Hohmann bleibt Protestant, ist aber einverstanden, dass seine Söhne eine katholische Erziehung genießen.

Patrick Hans Hohmann wird 1950 als zweiter von insgesamt drei Söhnen in Alexandria geboren. 1947 ist Charles Gerhart zur Welt gekommen, 1955 vervollständigt Kevin Heinrich die Familie. Alle Söhne tragen englische Vornamen und führen einen zweiten deutschen Namen, denn Vater Gerhart Hohmann hat die Vorstellung, dass englische Vornamen seine Söhne später daran hindern könnten, Karriere beim Schweizer Militär zu machen. Damit aber nicht genug: Die Mutter besteht auf dem revolutionären Erbteil ihrer Familiengeschichte und möchte, dass ihre Söhne den Namen O'Connell tragen, was aber im Schweizer Passwesen nicht vorgesehen ist. Kurzerhand schmuggelt Ellen Hohmann den Namen O'Connell als dritten Vornamen ihrer Söhne in die Dokumente, wo er sich bis heute erhalten hat.

Alexandria in den 1940er- und 1950er-Jahren ist eine aufregende Stadt voller Musik, Farben und Gerüche. Eine Millionenstadt mit kilometerlangen, hellen Sandstränden und einem geschäftigen Hafen, ein bedeutendes, internationales Handelszentrum, insbesondere für Erdöl und Baumwolle. In der Stadt leben große Gemeinschaften unterschiedlichster Nationalitäten. Der Umstand, dass die doppelte Staatsbürgerschaft erlaubt ist, hat viele Migranten aus Spanien, Griechenland und Italien angezogen, darunter viele Juden. Von der Lebendigkeit seiner Geburtsstadt bekommt Patrick Hohmann allerdings nicht viel mit. »Wir haben ziemlich isoliert gelebt«, erinnert er sich. Die Hohmanns bewohnen eine Villa im Kolonialstil, mit einem großen Garten, umgeben von einer hohen Mauer. Den Kindern ist es nicht erlaubt, den Garten zu verlassen. Patrick kümmert das nicht. »Wenn die Eltern ihren Mittagsschlaf hielten, bin ich auf einen der Bäume geklettert und habe den Bauarbeitern zugesehen, die auf der anderen Seite der Mauer gearbeitet haben. Einer von ihnen hat mich gesehen und eingeladen, mich zu ihnen zu setzen. Da bin ich runtergesprungen und habe mit ihnen Tee getrunken«, erzählt Hohmann und setzt versonnen hinzu: »Ich bin früh einem Ruf gefolgt.«

Die Bemerkung mit dem Ruf verweist auf die spirituelle Haltung, mit der Patrick Hohmann unternehmerisch tätig ist. Der Bio-Baumwollhändler ist überzeugt, dass jeder Mensch eine Aufgabe auf seinen Schultern trägt, wenn er zur Welt kommt, eine Aufgabe, die er selbst nicht kennt, sondern erst nach und nach kennenlernen und hoffentlich anpacken wird. In der Sichtweise von Patrick Hohmann folgt jeder Mensch intuitiv diesem Ruf. Etwas zieht an der Seele, ohne dass man zunächst wüsste, was es ist. Erst im Lichte der Erfahrungen, die man macht, im Scheitern und Wiederansetzen, vermittelt sich eine Ahnung dessen, was man kann und wofür man geboren ist. »Ich bin nicht über die Mauer gesprungen, weil ich das wollte, sondern weil ich das kann. Mich hat immer interessiert, was hinter der Grenze ist, was da los ist, wenn man hinter die Grenze geht.«

Solange die Kinder zu Hause sind, werden sie von einer Nanny betreut. Sobald schulpflichtig geworden, fährt Vater Gerhart Hohmann seine Söhne im Chevrolet zur französischsprachigen Schweizer Schule, wo sie unter anderem Arabisch in Wort und Schrift büffeln müssen. Auf den endlos langen Fahrten übt Hohmann senior mit seinen Buben das, was ein Baumwollhändler unbedingt können muss: Kopfrechnen.

Zwei Erlebnisse in diesen Jahren sind prägend für das spätere Leben von Patrick Hohmann: Flucht und Kulturschock.

Am 30. Juli 1956 verkündet der ägyptische Präsident Gamal Abdel Nasser die Verstaatlichung der Suezkanal-Gesellschaft, die sich mehrheitlich in französischem und britischem Besitz befindet. Frankreich, Großbritannien und Israel greifen Ägypten an. Amerikanische Medien apostrophieren die Krise als »the biggest threat this year has posed to world peace«. Familie Hohmann packt ihre Koffer und flüchtet in den Sudan. »Wenn man heute das Wort Flucht hört, denkt man vielleicht an die Ereignisse in Syrien oder auf dem Mittelmeer. Es war aber nicht so dramatisch. Für uns Kinder bedeutete es vor allem, dass die Eltern nur noch im Flüsterton miteinander sprachen. Und es bedeutete, endlos lange mit dem Zug durch die Wüste zu fahren. Manchmal blieb der Zug mitten in der Wüste stehen, bis wieder einer vorbeikam mit einem Hammer und den Zug reparierte«, beschreibt Patrick Hohmann diese aufregenden Tage.

In Khartum, der Hauptstadt des Sudan, löst sich schließlich die Anspannung der Eltern, der unmittelbare Druck fällt von ihnen ab. Die Familie hat Kontakte dort, die Hohmanns werden am Bahnhof abgeholt von Kevin Hayes, einem Cousin von Großvater Charles Collins. Kevin Hayes, der außerdem Patrick Hohmanns Pate ist, amtet im Auftrag des britischen Imperiums als Richter von Khartum.

Zuerst wohnt die Familie im schönen Grand Hotel, einem altehrwürdigen Kolonialbau. Geblieben ist Patrick Hohmann vor allem eine Anekdote: »Jeden Morgen habe ich die übrig gebliebenen Brötchen von den Tischen stibitzt, um sie dem Nilpferd im Zoo nebenan zu bringen. Man musste es nur beim Namen rufen, dann sperrte es sein Maul auf. Bintifatma, eftach, eftach!«

Die Kämpfe in Ägypten dauern an, die Eltern Hohmann wollen ihre Söhne in Sicherheit bringen und schicken zuerst Charles und den einjährigen Kevin in die Schweiz, wo beide im

Internat und Kinderheim »Bosshard« in Aegeri Aufnahme finden. Patrick Hohmann, der unter einem entzündeten Knie leidet und eine Beinschiene trägt, zieht mit seinen Eltern weiter nach Port Sudan, wo die Hohmanns ein bescheidenes Zimmer im »Red Sea« Hotel bewohnen. Auch er wird schließlich vorübergehend in Sicherheit gebracht: Den Sommer 1957 verbringt er mit seinen Großeltern Collins auf der Île d'Yeu in der Bretagne. Danach kehrt er, wie seine Eltern, nochmals nach Alexandria zurück. 1961, fünf Jahre nach dem Beginn der Suez-Krise, wird die väterliche Firma, die Escher AG, verstaatlicht. Gerhart Hohmann betreibt nun den Baumwollhandel verstärkt vom Sudan aus. Es wird ihm nicht erspart bleiben, 1971 ein zweites Mal enteignet zu werden, diesmal im Sudan.

1961, im Jahr der Verstaatlichung, ist Patrick Hohmann elf Jahre alt. Die Zeiten sind unruhig. Etliche nordafrikanische Staaten kämpfen für ihre Unabhängigkeit. So etwa tobt in Algerien der für seine Brutalität berüchtigte Algerienkrieg, in dem die Kolonialmacht Frankreich mit äußerster Härte gegen Unabhängigkeitsbestrebungen vorgeht. In Jemen kommt es zu Anschlägen auf die britischen Besatzer. Beide Länder, Algerien und Jemen, werden von Ägypten und seinem Präsidenten Gamal Abdel Nasser unterstützt. In dieser angespannten Situation beschließen die Eltern Hohmann, auch ihren zweitgeborenen Sohn in die Schweiz aufs Internat zu schicken. Charles, der um drei Jahre ältere Bruder von Patrick Hohmann, besucht bereits das Internat Pfister in Oberägeri.

Die Eltern bringen Patrick Hohmann zum Flugzeug. Mutterseelenallein reist das Kind von Ägypten nach Zürich-Kloten, wo es von seiner Patin Margrit Hefti abgeholt wird. Zwei Tage später geht die Reise weiter nach Celerina, wo Patrick Hohmann, der kein einziges Wort Deutsch spricht, Deutsch lernen und sich für den Eintritt in die Klosterschule Einsiedeln vorbereiten soll. Er reist zusammen mit weiteren Schülern, begleitet vom Leiter des Institutes Albris, in eine ihm unbekannte, fremde Welt. Für Patrick Hohmann eine deutliche Zäsur: »Wenn ich das heute erzähle, erscheint mir das schrecklich, aber damals war es einfach so. Man hat sich in die Situation geschickt. In Ägypten war alles hell, Sonne, blauer Himmel. Plötzlich war alles dunkel. Mit dem Zug sind wir nach Celerina gefahren, durch die Via Mala. Alle waren begeistert, nur in mir wurde es eng, und ich habe gedacht: Wie komme ich hier bloß wieder raus? Ständig hat es geregnet, zum Abendessen gab es dunklen Kakao, die Chalets waren rabenschwarz. Gleich in den ersten drei Tagen beobachtete ich, wie ein paar Schüler einen Kameraden verprügelten. Ich habe gedacht: Du meine Güte, wenn mir das auch passiert! Ich habe sofort versucht, mich in die Gemeinschaft zu fügen und mit den anderen ein Auskommen zu finden.« Seine Brüder und seine Eltern wird Patrick Hohmann in den kommenden Jahren nur zwei- bis dreimal im Jahr sehen, zu Weihnachten und Ostern, gelegentlich für gemeinsame Ferien.

Der Abschied von der arabischen Welt muss ein außerordentlich schmerzliches Erlebnis für den gewesen sein, den die Klassenkameraden in Celerina nur den »Ägypter« nannten. Dennoch ordnet Patrick Hohmann diesem Erlebnis auch Positives zu: In Celerina hat er gelernt, als Exot in einer fest gefügten und von Vorurteilen dominierten Umgebung zu bestehen. Er arrangiert sich mit der Situation, versucht die Dinge für sich zum Besseren zu wenden. »Meine Fähigkeit«, meint Hohmann, »mit Schwierigkeiten umzugehen, auf andere zuzugehen, immer nach vorn zu schauen, sie kommt von da.«

Patrick Hohmann bleibt eineinhalb Jahre in Celerina. Als er nach Einsiedeln wechselt, verstärkt sich der Eindruck von Enge. Der Tagesablauf ist streng reglementiert. Die Schüler, die gezwungen sind, eine schwarze Kutte zu tragen, sind praktisch interniert und dürfen das Kloster nicht verlassen. Sogar der Sport findet innerhalb der Klostermauern statt. Für den freiheitsliebenden Jungen, der Karl May liest und von weiten Prärien träumt, der gerne Fußball spielt und Ski läuft, ist Einsiedeln eine Qual. Nun soll er, der eben erst Deutsch gelernt hat, auch noch Latein und Altgriechisch büffeln. »Diese toten Sprachen haben mich nicht interessiert«, so Hohmann. »Ich bin eher der hemdsärmlige Typ.« Als die Leistungen nachlassen, haben die Mutter und die Patres schließlich ein Einsehen und lassen ihn die Schule wechseln. Am Kollegium Schwyz bereitet sich Hohmann auf die Matura Typus C vor, Mathematik, Physik und moderne Sprachen. Das Internatsleben in Schwyz ist ebenfalls katholisch und karg. Roberto Müller, den Hohmann am »Kollegi« kennenlernt und mit dem er bis heute eng befreundet ist, beschreibt es so: »Mehr als hundert ›Zöglinge‹ haben in einem Saal geschlafen, man stelle sich vor, wie das gerochen hat. Geduscht wurde einmal die Woche, fünf Minuten warm, danach auf Zuruf ›Achtung, kalt!‹ kalt. Ausgang hatte man in den unteren Klassen nie! Das Höchste der Gefühle war ein Spaziergang am Sonntagnachmittag, mit dem Vizepräfekten an der Spitze der Kolonne.« Hohmann leidet weniger unter der Hausordnung als sein Freund. Er organisiert sich kleine Freiheiten, indem er ein Mofa besorgt, das er im Gebüsch eines Gartens versteckt. Und natürlich meldet sich Hohmann zum Theaterkurs, denn das ist *die* Gelegenheit, um mit Mädchen in Kontakt zu kommen. Der charmante Jugendliche hat Erfolg bei den Mädchen, bei mehr Mädchen, als den Patres lieb ist. Eine Freundin, so melden die Patres es der Mutter, sei ja in diesem Alter in Ordnung, aber gleich mehrere gleichzeitig, das gehe zu weit. Die Patres können nicht wissen, dass Patrick Hohmann bald, noch bevor er 1970 die Matura ablegt, jene Frau kennenlernen wird, die bis heute sein Leben teilt.

Im Schatten der
Pfullinger Unterhose

»Eines Morgens weckte mich meine Mutter und sagte: Ich habe da etwas für dich.«

Patrick Hohmann war nicht gerade ein glänzender Schüler gewesen, die Matura am Kollegium Schwyz schaffte er gerade so eben. In Mathematik, Physik und den beiden Muttersprachen Englisch und Französisch konnte er durchaus brillieren, aber auch das nur, wenn ihm der Lehrer passte. Sprachliche Fächer interessierten ihn wenig. Was er nach der Schule machen wollte, wusste er nicht. Er wusste nur, was er nicht wollte: Bloß nicht an die ETH, bloß nicht lange studieren. Für seinen Geschmack hatte er lang genug die Schulbank gedrückt. Im Gegensatz zu seinem Bruder Charles, der Geisteswissenschaften in Fribourg studierte, und seinem jüngeren Bruder Kevin, der an der Universität Zürich Rechtswissenschaften belegte, zog es ihn in einen praktischen Beruf. Er wollte frei sein und möglichst rasch sein eigenes Geld verdienen.

Eines Morgens, kurz nach seinen letzten Prüfungen, kam seine Mutter ans Bett und weckte ihn. Ellen Hohmann Collins hatte in der Zeitung etwas entdeckt, was ihr passend schien für ihren Sohn.

»Ich habe etwas für dich«, sagte sie. »Textilingenieur.«
»Wie lange dauert das denn?«
»Drei Jahre, dazu ein Jahr Praktikum.«
Hohmann war plötzlich wach: »Perfekt. Und wo?«

»In Reutlingen«, sagte die Mutter. »Bei den Nazis, aber nicht zu weit weg von der Schweiz.«

Mutter und Sohn waren gleichermaßen begeistert von der Idee eines Studiums in Reutlingen, wenn auch aus unterschiedlichen Gründen. Während die Mutter hoffte, einen Keil zwischen ihren Sohn und seine neue Freundin, die ihr nicht passte, zu treiben, hegte Patrick Hohmann gegenteilige Hoffnungen: Weg von zu Hause und doch nicht so weit weg, dass er Elisabeth Holdener, die er beim Tanzen kennengelernt hatte, nicht besuchen könnte. Patrick Hohmann lieh sich das Auto seiner Mutter, schmuggelte Elisabeth in den Wagen und bretterte sofort nach Reutlingen, um sich für das Studium einzuschreiben. »War noch jemand im Auto?«, fragte die Mutter nach seiner Rückkehr. »Nein«, log der Sohn und ist noch 50 Jahre später verblüfft über seine jugendliche Unverfrorenheit. Hohmann lacht. »Früher konntest du so schnell fahren, wie du wolltest, aber Sex vor der Ehe, das war ganz schlimm. Heute ist es umgekehrt: Sex vor der Ehe ist kein Problem, aber wehe, du fährst zu schnell!«

Es gibt reizvollere Destinationen als Reutlingen. Die Stadt in Baden-Württemberg zählt aktuell rund 117 000 Einwohner. Flach und ohne erkennbare Begrenzung breitet sie sich am Fuße ihres Hausberges, der Achalm, aus. Einziges Wahrzeichen der Region: die »Pfullinger Unterhose«. Der Volksmund hat es gut getroffen. Der Aussichtsturm auf der Hochwiese des Schönbergs sieht von Weitem tatsächlich aus wie eine lange, frisch gestärkte Unterhose.

Die Innenstadt von Reutlingen ist hübsch renoviert, die Fußgängerzone gesäumt von mittelalterlich wirkenden, putzigen »Häusle«. H&M, McDonalds, Apollo Optik, die übliche Mischung prägt das Bild. Außerhalb des Zentrums quält sich viel Verkehr durch die engen Straßen. Danach sind die Schnellstraßen gesäumt von Industriebrachen aus der Blütezeit der Textilindustrie, die nun neue Nutzer gefunden haben. Entlang des kleinen Flusses Echaz thront ein Industriebau nach dem anderen, vereinzelt ergänzt von den Sägezahndächern der Shedhallen: Hohlformen einer untergegangenen Größe. Wo heute Katzenfutter verkauft wird und Kinderschaukeln für den Garten, wurden einmal bahnbrechende Erfindungen für die Textilindustrie und die ihr zuarbeitende Maschinenindustrie gemacht. Ein knappes Jahrhundert lang gehörte Reutlingen zu den bedeutendsten Industriestandorten Europas. Die legendäre MT3, die allererste Maschine, die ihre Werkzeuge selbst auswechseln konnte, wurde in Reutlingen entwickelt. Ihre Bearbeitungstoleranz von 0,03 mm war sensationell. Ebenfalls in Reutlingen erfunden, und zwar von der H. Stoll AG wurde die Links-Links-Strickmaschine, die ganz feine Wirkwaren ermöglichte. Innovativ im Maschinenbau, innovativ im Wirken und Konfektionieren von neuartigen Stoffen. »Die Stoffe für die Olympia-Mannschaft trugen den Ruf Reutlingens in die Welt«, erinnert sich Lothar Kittel, der im Industriemuseum von Reutlingen Führungen macht. Aus seinen Worten spricht Wehmut und Stolz.

Das Technikum für Textilindustrie, an dem Patrick Hohmann studierte, wurde 1855 gegründet. Eine Zeit lang figurierte der hübsche, rote Klinkerbau mit angrenzenden Shedhallen als »königliches Technikum«. Die Institution verfügte über einen ausgezeichneten Ruf und zog Schüler aus der ganzen Welt an. 1971, als Hohmann sein Studium begann, transformierte sich die Schule gerade zur Fachhochschule. Dies bedeutete, dass neben technologischen Fächern nun auch Chemie und Betriebswirtschaft unterrichtet wurden. Und es bedeutete, dass an die Studierenden höhere Anforderungen gestellt wurden.

Von den rund 40 Studierenden, die mit Hohmann eintraten, schafften es nur gerade 13 bis zum Diplom.

Patrick Hohmann war glücklich. Ihm gefiel die Ausbildung, ganz besonders der praktische Teil. Als Spezialgebiet hatte er Spinnerei-Technologie gewählt. Mit dem Schraubenschlüssel unter einer Maschine zu liegen, umhüllt vom Geruch nach Motorenöl und umgeben vom Lärm der stampfenden Maschinen, das war ganz nach seinem Geschmack. Im zweiten Semester jedoch geschah etwas, mit dem weder er noch seine Freundin gerechnet hatten: Elisabeth Holdener, die das Lehrerseminar am Theresianum in Ingenbohl bei Brunnen noch nicht abgeschlossen hatte, wurde schwanger. Beide Familien reagierten bestürzt. Armin Holdener, der Vater von Elisabeth Holdener, der den Freund seiner Tochter eigentlich mochte, machte Patrick Hohmann Vorwürfe.»Bürschchen, glaub bloß nicht, dass ich stolz bin auf dich!«, rief er und schwenkte seinen Zeigefinger so schnell, dass der werdende Vater den Finger nicht mehr sehen konnte. Ein uneheliches Enkelkind, dazu die Tochter noch in Ausbildung: Das war aufs Erste kein Grund zur Freude. Die Eltern Hohmann reagierten noch schärfer. Vater Gerhart Hohmann kürzte dem Sohn die monatlichen Studienbeiträge. Und als Elisabeth Holdener und Patrick Hohmann 1972 heirateten, kamen die Eltern Hohmann zur kirchlichen Trauung, nicht aber zum anschließenden Fest.»Das hat mich sehr verletzt«, erzählt Patrick Hohmann. Die Brüder Charles und Kevin hingegen nahmen am Fest teil, eine Unterstützung, für die die jungen Eheleute sehr dankbar waren.

Fortan war das Paar auf sich gestellt. Elisabeth Hohmann Holdener zog nach Reutlingen. Ihr fehlte für den Studienabschluss als Lehrerin noch die Turnprüfung, die sie nachholen konnte, als ihr Kind Patrick jun. ein halbes Jahr alt war. Patrick Hohmann selbst begann ein Doppelleben. Nachts arbeitete er als Portier oder als Akkordbügler in einer Wäscherei: Bis zu 80 Hemden pro Stunde zog er auf eine Metallpuppe, um sie durch die Wärmekammer zu schicken, tagsüber studierte er am Technikum. Dann aber hatte er Glück, im Rahmen eines Praktikums fand er eine Stelle als ständiger Assistent des Betriebsleiters. Die Firma Fallscheer bestand aus einer Spinnerei und einer Färberei an der Echaz. Das Unternehmen stellte aus Acrylfasern Garn her. Als die deutsche Textilindustrie allmählich unter Druck geriet, hatte das auch Auswirkungen auf Fallscheer. Deutschland wurde als Standort für die Textilindustrie zu teuer, die Margen wurden knapp. Die günstigen Produkte aus Übersee machten der einheimischen Produktion zu schaffen.

Hohmann, der seine Kontrollgänge durch die Firma im blauen Kittel mit Kugelschreiber und Rechenschieber in der Brusttasche absolvierte, wurde vom Betriebsleiter geschätzt. Als dieser realisierte, dass die Zukunft seiner Branche in Deutschland unsicher war, beschloss er, nach El Salvador auszuwandern. Ob Patrick Hohmann nicht seine Stelle übernehmen wolle? »Mit der technischen Seite hatte ich keine Probleme«, betont Hohmann, der noch im Studium war, als er die Stelle 1974 übernahm. Seine Aufgabe bestand darin, die Qualität der Garne laufend zu überprüfen und die Produktion mittels Erhöhung der Maschinendrehzahl zu steigern. »Aber 120 Leute zu führen, darunter 60-jährige Meister, das war für mich als 26-Jähriger ganz neu. Hinzu kamen Probleme mit den Löhnen. Als erste Aufgabe musste ich die Färberei schließen, denn das Umweltamt drängte darauf. Der Besitzer des Unternehmens war nahezu pleite. Ich versuchte die Kalkulation des Garns neu aufzusetzen, merkte dann aber, dass ich der Einzige war, den die Kalkulation überhaupt interessierte. Mein Professor, den ich um Hilfe gebeten hatte, sagte schließlich: Vergessen Sie das, es ist hoffnungslos.« Als sich Hohmann schließlich nicht mehr auf das Wort des Inhabers verlassen konnte, wenn es um die Zahlung ausstehender Löhne ging, beschloss er zu kündigen.

Dass Hohmann tüchtig war, hatte sich inzwischen herumgesprochen. BSU, eine Spinnerei in der Nachbarschaft von Hohmanns Arbeitgeber, bekam Wind davon, dass der arabisch sprechende Textilingenieur eine neue Stelle suchte. Das Unternehmen hatte soeben eine Tochterfirma aufgezogen, die BSU Trading und Consulting. Die Idee war, in Kooperation mit großen Maschinenbauern und mit EWR-Geldern Spinnereien aufzuziehen, die näher an den Anbaugebieten lagen. Die BSU würde den Spinnereien Garne abnehmen und mit dem Wiederkauf ein Zusatzgeschäft machen; die produzierenden Länder im arabischen und südamerikanischen Raum könnten wiederum Arbeitsplätze schaffen. Darüber hinaus könnten sie mit dem Verkauf der Garne an die BSU Trading & Consulting die von der EWR gesprochenen Kredite zurückzahlen. Die Idee war bestechend, nur leider stimmten Theorie und Praxis nicht überein. Aus dem arabischen Raum kam kein Garn, und die Begleichung der Kredite geriet ins Stocken.

Patrick Hohmann wurde losgeschickt, um vor Ort nachzusehen, was los war. Er reiste in den Sudan, in seine alte Heimat, und entdeckte dort abenteuerliche Missstände. Eine Spinnerei war in der Wüste gebaut worden, weitab von Strom und Wasser. Eine andere Anlage hatte man direkt auf dem Wüstenboden abgestellt, der sich bewegte, was zu ständigen Produktionsabbrüchen und Schäden am Maschinenpark führte. Eine dritte Anlage schließlich funktionierte eigentlich, stand aber still, weil es an Ersatzteilen fehlte. Im Gespräch mit den Leuten vor Ort erfuhr er schließlich, dass mehrere Tagesreisen entfernt eine unausgepackte Anlage in der Wüste herumstand. Hohmann informierte die sudanesische Regierung und beschloss, dort nach Ersatzteilen zu suchen. Er mietete einen

Jeep und fuhr mit einer kleinen Delegation Hunderte von Kilometern durch die Wüste, ohne jede Möglichkeit, mit der Außenwelt zu kommunizieren. Das Gefährt, das einzige, das sich in Khartum mieten ließ, war außerdem nicht geländetauglich. Hin und wieder mussten alle aussteigen und den Wagen schieben, möglichst noch vor Einbruch der Nacht, bevor die Skorpione aus ihrem Versteck krochen. »Ich kann mich noch gut erinnern«, erzählt Hohmann. »Alkohol war ja im Sudan verboten, aber irgendwie hatten wir eine Flasche Dattelschnaps organisiert, die wir herumgehen ließen. Wir saßen draußen unter dem Sternenhimmel, als ich Mohammed Saleh fragte: ›Wie weit ist es von hier aus zum Nil?‹ – Seine Antwort lautete: ›At least 4 kilometers, if not more. Mindestens 4 Kilometer, wenn nicht mehr.‹« Diese Antwort war ein Schlüsselerlebnis für Patrick Hohmann. Sie beschäftigte ihn nachhaltig und stand am Beginn seines lebenslangen Wunsches nach einem echten Austausch zwischen den Kulturen. »Ich fragte mich: Was sagt der mir eigentlich? Er sagt mir nicht: ›Der Nil ist ganz nah.‹ Ich begriff, dass er ganz anders dachte als wir. Was er meinte, war: ›Der Nil befindet sich in unmittelbarer Entfernung.‹«

Tatsächlich stieß die Expedition in der Wüste, unweit der Pyramiden von Meroe, auf die riesigen Holzkisten mit den gewünschten Ersatzteilen. Zurück in Khartum bat Hohmann die sudanesische Regierung um die Erlaubnis, die Kisten aus Meroe abtransportieren zu lassen, um sie in die defekte Anlage von Hadschab Dallah einzubauen. Die Regierung hüllte sich in Schweigen, die Erlaubnis kam nie. Hohmann bestellte schließlich die fehlenden Teile in Europa und schaffte es, von drei Geisteranlagen eine zum Laufen zu bringen.

Elisabeth Hohmann Holdener: Ehefrau, Verbündete, Sparringpartner

»*Eigentlich wollte ich bloß meine Frau beeindrucken und ihr einen roten Porsche schenken.*«

Patrick Hohmann lernt die 17-jährige Elisabeth Holdener in einem Tanzlokal kennen, sinnigerweise im »Eden« in Brunnen. Es ist Fasnacht, 8. Februar 1969. Holdener tanzt eigentlich gar nicht so gern, aber eine Freundin hat sie überredet mitzukommen. Patrick Hohmann seinerseits geht abends selten aus. Seine Eltern sehen es nicht gern, wenn er noch weggeht, um mit Freunden zu feiern. Diesmal aber drücken sie ein Auge zu, denn die Familie Hohmann hat Besuch aus Neuseeland. Scott Rutherford, 19 Jahre alt wie Patrick, ist für ein paar Tage nach Aegeri gekommen. Dem erwachsenen Sohn eines befreundeten Ehepaares können die Eltern Hohmann schlecht etwas verbieten. Und so ziehen die beiden jungen Männer los.

Für Patrick Hohmann ist die Begegnung mit Elisabeth Holdener die berühmte Liebe auf den ersten Blick. Es ist Scott, der mit Elisabeth tanzt, während Patrick Hohmann an der Bar steht und ihnen zusieht. Der coole, unbefangene Scott schafft es schließlich auch, in Erfahrung zu bringen, dass die junge Frau am Wochenende auf dem Stoos, dem Hausberg von Brunnen, Ski laufen will. Bei schönem Wetter kann man sich dort treffen. Klar, warum auch nicht?

Patrick Hohmann ist am Tag der Verabredung derart aufgeregt, dass er – vertieft in das Gespräch mit Elisabeth Holdener – die Hartschalen seiner Skischuhe im Kurhaus auf dem

Stoos vergisst und in den weichen Innenschuhen zur Station geht. »Endlich eine, mit der man auch reden kann«, wird er nach dem Skiausflug zu einem seiner besten Freunde sagen. Für Elisabeth Holdener beginnt die Romanze weniger intensiv. Die beiden treffen sich an den freien Nachmittagen am Vierwaldstättersee und diskutieren stundenlang. Von Anfang an sind beide gefesselt vom Gespräch mit dem anderen. Offiziell »lernt« Patrick Hohmann französische und englische Vokabeln. Den Verantwortlichen im Internat dürfte entgangen sein, dass ihr Schützling wohl kaum die Vokabeln seiner Muttersprachen Französisch und Englisch zu lernen braucht. »Es begann ganz fein«, erinnert sich Elisabeth Hohmann. »Und das war auch gut so.«

Inzwischen sind Elisabeth und Patrick Hohmann seit 50 Jahren ein Paar. »Eine Gnade«, findet Patrick Hohmann. Glück alleine reiche für eine so lange Zeit nicht aus. »Ich habe meine Frau sehr gerne, denn sie hat mir einen Lebensinhalt gegeben und mich gefördert auf meinem Weg«, meint Patrick Hohmann und lacht, wenn er an den Ehrgeiz zurückdenkt, mit dem er sein berufliches Leben begonnen hat oder an seinen damaligen Wunsch, viel Geld zu verdienen. »Eigentlich wollte ich bloß meine Frau beeindrucken und ihr einen roten Porsche schenken«, so Hohmann. »An einem Porsche aber war Elisabeth gar nicht interessiert.«

Tempo, kalte Mechanik und der Glanz der Repräsentation waren tatsächlich nicht die Dinge, von denen Elisabeth Hohmann träumte. Sie wünschte sich Kinder, am liebsten hätte sie sechs gehabt. Nach der Geburt von Patrick jun., Elisabeth jun., Simon und Martin wurde ihr jedoch klar, dass sie mit vier Kindern ausgelastet war, zumal Patrick Hohmann als Erziehungspartner oft ausfiel. Elisabeth Hohmann zog die vier Kinder mehr oder weniger alleine groß. Sie war es, die sich um

Oben | **Von links nach rechts: Patrick jun., Elisabeth Hohmann Holdener, Patrick Hohmann (hinten), Simon, Martin, Lisa (vorne).**

Rechts oben | **Patrick Hohmann und seine Frau beim Verschenken eines Kalbs an einen bedüftigen Bauern.**

Rechts unten | **Elisabeth Hohmann Holdener trug das Projekt Bio-Baumwolle stets mit, ungeachtet aller Höhen und Tiefen.**

die Kinder kümmerte, um deren Aufgaben, um Schwierigkeiten in der Schule, um den Haushalt, den Garten, die Haustiere. Sie war es, die die Kinder zur Schule fuhr und sich um jedes Kind einzeln sorgte. Die inzwischen erwachsenen Kinder erzählen mit großer Wärme und Zuneigung vom Zusammensein mit der Mutter. »Manchmal weckte mich meine Mutter ganz früh am Morgen auf und dann betrachteten wir gemeinsam den Sonnenaufgang, nur sie und ich. Das war wunderschön«, schwärmt etwa der jüngste Sohn Martin Hohmann. Patrick Hohmann war wochen- und monatelang nicht da und dies zu einer Zeit, da sich die Kommunikation auf sehr seltene Telefonanrufe oder ein paar dürre Telexzeilen beschränken musste. »Patricks Präsenzzeit«, räumt Elisabeth Hohmann Holdener ein, »war eher kläglich. Wenn er da war, kam er mittags vom Büro an den Familientisch. Er berichtete, was der Dollarkurs gerade machte oder dass die Firma zwei Container Baumwolle verkauft hätte. An den Gesprächen der Kinder nahm er kaum teil, oft wusste er nicht so richtig, wovon sie eigentlich redeten. Aber die Kinder haben doch immer gespürt, dass er ihr Bestes wollte.« Patrick Hohmann war ein strenger Vater, deutlich geprägt von der rigiden, wenig zärtlichen Erziehung, die er selbst erlebt hatte. Umso mehr genossen die Kinder die gemeinsamen Ferien, wenn der Vater entspannt war, Zeit hatte für sie und Familie Hohmann mit Wohnwagen und Zelt loszog, auf der Suche nach Abenteuern abseits touristischer Trampelpfade.

Belastend für die Ehe der Hohmanns war, dass die Eltern von Patrick Hohmann ihre Schwiegertochter rundheraus ablehnten und diese Ablehnung jahrzehntelang beibehielten. Insbesondere Ellen Hohmann Collins war unzufrieden mit der Wahl ihres Sohnes und ließ Elisabeth Hohmann Holdener spüren, dass sie nicht die Partie war, die sie sich für ihren Sohn vorgestellt hatte. Allein schon die Tatsache, dass die Schwiegertochter Schweizerin war, sprach gegen sie. Mit den egalitären Seiten der Schweiz konnte Ellen Hohmann Collins wenig anfangen. Die weltläufige Frau war nach den Enteignungen in Ägypten und dem Sudan eher unfreiwillig in Aegeri, Kanton Zug, gelandet. Ab 1971 verlagerte sich der Familienschwerpunkt nach und nach in dieses kleine Dorf. Die Eltern von Patrick Hohmann besaßen dort ein bescheidenes Ferienhaus, das mit Holz geheizt und im Winter regelmäßig eingeschneit wurde. Ellen Hohmann Collins war es gewohnt, von Dienstboten umgeben zu sein. Sich auf dem Land wiederzufinden, abseits von den Anregungen einer Großstadt, musste sie als gesellschaftlichen Abstieg und als quälendes Exil in einer geistlosen Gegend empfinden. Schweizerdeutsch lernte sie nie.

Am liebsten wäre Mutter Hohmann als Frau für ihren Sohn die Tochter eines Pariser Notars gewesen oder eine englische Aristokratin, eine Frau jedenfalls aus den sogenannt besseren Kreisen der Gesellschaft. Katholisch musste sie sein und begabt für den großen gesellschaftlichen Auftritt. All dies war Elisabeth Holdener nicht. Sie stammte aus einem liebevollen, offenen Elternhaus. Der Vater Armin Holdener war Kaufmann und musisch sehr interessiert, die Mutter Elisabeth Holdener Amiet war Hausfrau und fand ihren Schwiegersohn in spe auf Anhieb sympathisch. Patrick Hohmann verstand sich ebenfalls sehr gut mit der Mutter von Elisabeth, ebenso mit ihrer Schwester und ihrem Bruder. »Die Eltern von Patrick waren alte Schule. Sie machten beinahe einen Knicks, wenn ihnen ein Banker begegnete. Selber war ich viel liberaler erzogen worden. Meine Großmutter hatte sich scheiden lassen zu einer Zeit, als das noch zu reden gab. Mein Großvater interessierte sich für Rudolf Steiner, meinte aber, das erzähle er nicht dem Pfarrer, sonst komme er womöglich noch in die Hölle. Mir war es egal, was die Leute über mich dachten oder sagten oder wie sie angezogen waren. Obwohl seine Familie gegen mich war, hat Patrick großartig zu mir gehalten«, so Elisabeth Hohmann.

Die Loyalität war gegenseitig. Elisabeth Hohmann merkte rasch, dass Patrick Hohmann in der Textilindustrie eine Lebensaufgabe gefunden hatte, dass er gerne reiste und dass es ihn faszinierte, sich auf andere Kulturen einzulassen. Sie unterstützte ihn bedingungslos. Als sie mit dem ersten Kind schwanger war, folgte sie ihrem Mann nach Reutlingen, eine Stadt, in der sie nie heimisch wurde. Sie, die am Ufer des Vierwaldstättersees aufgewachsen und den offenen Blick übers Wasser gewohnt war, konnte Reutlingen wenig abgewinnen. »Manchmal hatte ich das Gefühl, ich sei am Verdursten«, sagt sie. Als Patrick Hohmann am Technikum durch die Prüfungen fiel, weil sich die Nachtarbeit allmählich bemerkbar machte, übernahm Elisabeth Hohmann einen Sekretariatsjob, um die kleine Familie durchzubringen. In Reutlingen war das Geld manchmal so knapp, dass sie auf dem Balkon standen und sich sehnsüchtig fragten, ob Geld genug da war, um sich unten im Hof, an der Tankstelle ein Eis zu teilen.

Auch später konnte Patrick Hohmann auf seine Frau zählen. Als die Hohmanns 1979 in die Schweiz zurückkehrten, waren beide Ende zwanzig, hatten vier Kinder und kein Geld. Die Textilindustrie in der Schweiz befand sich in der Krise. Patrick Hohmann bewarb sich um einen der raren Jobs bei der Firma Heberlein in Wattwil. Er nahm den Lift im Hochhaus, kam zurück, setzte sich zu seiner Frau ins Auto. »Da oben riecht es so komisch nach Teppich. Ich kann das nicht«, gesteht Patrick Hohmann seiner Frau. Er schlägt ihr vor, sich selbständig zu machen, sie ist einverstanden. »Finanziell war es oft schwierig, aber ich hatte immer großes Vertrauen in Patrick«, meint Elisabeth Hohmann im Rückblick.

Ein einziges Mal in 50 Jahren gerät die Ehe der Hohmanns ernsthaft in Gefahr. Der Konflikt entzündet sich am Wunsch von Elisabeth Hohmann, ihre Kinder in die Steiner-Schule zu schicken. 1983, ein schreckliches Jahr: Patrick Hohmann ist mit seiner Hohmann GmbH gerade in Konkurs gegangen. Er hat keine Ahnung, wie er die Privatschule bezahlen soll, die sich Elisabeth Hohmann für ihre Kinder wünscht. Sein Widerstand hat aber nicht nur finanzielle Gründe. Als Kind hatte Patrick Hohmann die schmerzliche Erfahrung wiederholter Entwurzelung machen müssen. Diese Erfahrung will er seinen Kindern unbedingt ersparen. Seine Kinder sollen die Schule am Wohnort der Familie besuchen. Sie sollen Teil der Dorfgemeinschaft bleiben und nicht abgesondert werden von ihren Kollegen in der Nachbarschaft. Die Steiner-Schule befindet sich im weiter entfernten Baar. Hohmann befürchtet, dass die Kinder den Anschluss an ihre Freundinnen und Freunde im Dorf verlieren könnten. Dazu kommt noch seine intuitive Abneigung gegen die Vorstellungswelt von Rudolf Steiner, mit der er nichts anzufangen weiß.

Rudolf Steiner wurde 1861 im heutigen Kroatien geboren und starb 1925 in der Schweiz, in Dornach bei Basel. Steiner ist der Begründer der Anthroposophie, einer Weltanschauung, in die ganz unterschiedliche geistige und religiöse Strömungen eingegangen sind, so zum Beispiel der deutsche Idealismus von Goethe, die christliche Mystik, die Gnosis sowie fernöstliche Lehren. Steiner war ein unglaublich produktiver Geist, ein Vielschreiber und ein rastloser Vortragsredner. Drei Termine an drei verschiedenen Orten an einem einzigen Tag waren keine Seltenheit, oft schrieb er seine Reden auf dem Weg vom einen Auftrittsort zum nächsten. Von etlichen Kenntnissen, die er mit seinem Publikum teilte, behauptete er, sie in einer Art Hellsichtigkeit empfangen zu haben. Das macht es bis heute nicht einfach, die Schriften von Rudolf Steiner zu lesen, denn ihre Lektüre entzieht sich einem ausschließlich intellektuellen Verständnis. Steiner muss man auch mit dem Herzen lesen und mehr noch mit einer spirituellen, fast übersinnlichen Empfindsamkeit. Bei der Entwicklung der Anthroposophie ging es Steiner im Kern »um eine ebenso grandiose wie okkulte ›Kosmogonie‹, die alle nur denkbaren Erkenntnis- und Wissensgebiete von der Kosmologie über die Naturwissenschaften bis zur Kultur- und Religionsgeschichte verschmolz zu einer einzigen Evolutionsgeschichte nicht nur der Menschheit, sondern der Erde und des ganzen Kosmos«.[3] Das Interessante an Steiner ist, dass er seine intellektuelle Laufbahn mit Mathematik und Naturwissenschaften begonnen hatte. Dissertiert hat er dann allerdings 1891 in Philosophie, mit einer Arbeit über den Philosophen Johann Gottlieb Fichte. Diese Arbeit baute er wenig später aus zu seinem Hauptwerk »Philosophie der Freiheit«.

Die bis heute anhaltende Attraktivität von Steiners Lehren gründet auf der Kombination von Wissenschaft und Spiritualität, von Empirie und Gefühl. Steiner hat seine Anhänger stets dazu angeregt, ihn und seine Gedanken kritisch zu begleiten und empirisch zu belegen, was aus diesen Gedanken in der Realität entstanden ist. Das erklärt, warum es gerade die praktischen Anregungen von Rudolf Steiner sind, die den Eingang in die Mitte der Gesellschaft gefunden haben. Die Waldorf- oder Reformpädagogik von Rudolf Steiner mit ihrer Erziehung des Kindes zur Gemeinschaft und Selbstverantwortlichkeit, hat sich als alternative Bildungsoption längst etabliert. Ebenso die bio-dynamische Landwirtschaft: Einst als Kuriosität bestaunt und belächelt, hat der bio-dynamische Landbau mit seinen Demeter-Produkten den Weg in die Regale der Großverteiler gefunden und gilt als solide Antwort auf die entseelte Massenproduktion in der Landwirtschaft.

»Ich habe Patrick zur Anthroposophie geführt, obwohl er ursprünglich große Widerstände hatte«, hält Elisabeth Hohmann fest, die im Streit um die Ausbildung ihrer Kinder nicht nachgab. »Die Steiner-Schule habe ich durchgeboxt, da bin ich stur geblieben.« Sie selbst hatte ungute Erinnerungen an ihre Schulzeit, die sie in katholischen Instituten verbracht hatte, im Theresianum in Ingenbohl zuerst, dann am Institut Ste. Agnès in Fribourg. »Ich habe immer Fragen gestellt, aber der Katholizismus war so eng. Ich dachte, es muss doch Antworten geben.« Als Elisabeth Hohmann die Konzertgeigerin Hilde Mlosch kennenlernt, die an der Steiner-Schule in Baar unterrichtet, beginnt sie sich ernsthaft mit der Waldorf-Pädagogik zu beschäftigen: »Ich machte hinter dem Katholizismus die Türe zu. Für Patrick war es viel schwerer, sich davon zu lösen.« Die Auseinandersetzungen sind heftig. Als Patrick Hohmann begreift, dass seine Ehe auf dem Spiel steht, wenn er nicht nachgibt, erklärt er sich schließlich dazu bereit, seine Kinder in die Waldorf-Schule zu schicken. Er will aber wissen, was seine Kinder da lernen werden. »Ich werde mich intensiv mit Rudolf Steiner beschäftigen«, verspricht er seiner Frau.

Patrick Hohmann hält Wort. Tatsächlich liest er sich rasch ein in den Kosmos von Rudolf Steiner. Und siehe da, zu seiner eigenen Verblüffung fesseln ihn die Gedanken und das Weltbild der Anthroposophie. Hohmann beteiligt sich – wie dies erwartet wird von den Eltern von Steiner-Schülern – an der Verwaltung der Schule. Er kümmert sich um die Finanzen der Steiner-Schule in Baar. Am Dienstag besucht er jeweils gemeinsam mit Elisabeth Hohmann den »Zweig«, eine Gruppe, in der man gemeinsam Steiner-Schriften liest und diskutiert. Oft geht die Diskussion weiter, wenn Patrick und Elisabeth Hohmann nach Hause kommen. Über all die Jahre hinweg bleibt Elisabeth Hohmann seine wichtigste und erste Gesprächspartnerin. »Elisabeth stellt immer wieder Fragen, und ich will sie nicht beantworten. Ich brauche sehr viel Zeit, um gewisse Gedanken fertig zu denken. Ich spreche nicht gerne über unfertige Gedanken, denn sobald ich darüber spreche, ist es gesetzt. Insofern sind Elisabeths Forderungen an mich sehr wichtig«, so Hohmann.

Patrick Hohmann verdankt der Hartnäckigkeit seiner Frau unendlich viel. Denn ohne ihr Drängen hätte er vermutlich nie zur Spiritualität gefunden und sich ganz sicher nicht mit den Schriften von Rudolf Steiner beschäftigt. Und ohne die Beschäftigung mit Rudolf Steiner wäre der Garn- und Baumwollhändler Patrick Hohmann kaum zu der Überzeugung gelangt, dass man die Dinge grundsätzlich überdenken und neu ordnen musste. Obwohl Hohmann einer Arbeitsgruppe um den anthroposophischen Wirtschaftsreformer Udo Herrmannstorfer beitritt, fühlt er sich dort oft einsam mit seinen Gedanken. »In der Arbeitsgruppe waren vor allem Kleinunternehmer, auch einige Möchtegern-Unternehmer«, erinnert sich Hohmann. Eines Tages ruft Hohmann Udo Herrmannstorfer an, weil er eine Frage hat. »Am Telefon war seine Frau. Ungehalten sagte sie, wir sollten endlich einmal ihren Mann in Ruhe lassen und selber nachdenken.« Patrick Hohmann lacht, als er das erzählt. »Ich hatte Herrmannstorfer davor noch gar nie angerufen. Trotzdem dachte ich: Die Frau hat recht. Ich muss es aus mir selber heraus entwickeln.«

Ein Baumwollhändler geht pleite

»Ich sehe ihn heute noch den Weg zum Haus hochkommen. Patrick war völlig geknickt.«

1979, noch bevor Martin – das vierte und letzte Kind der Hohmanns – geboren wurde, kehrte die Familie in die Schweiz zurück. Wochenlang hatte Elisabeth Hohmann nach einer Wohnung für die inzwischen sechsköpfige Familie gesucht, ohne Erfolg. Die Schweizer Vermieter blieben stur, niemand war bereit, ihnen einen Mietvertrag zu geben. Ohne Lohnausweis und ohne Nachweis von Erträgen aus einer selbständigen Tätigkeit war einfach nichts zu machen. Schließlich kam den Hohmanns die Zeitgeschichte zu Hilfe. In Meierskappel, einem Dorf am Zugersee mit 600 Seelen, besichtigte Elisabeth Hohmann ein Einfamilienhaus, auf dem der Eigentümer sitzengeblieben war. Er hatte die Liegenschaft einem Deutschen verkaufen wollen, aber die »Lex Furgler« machte ihm einen Strich durch die Rechnung. Dieses Gesetz war im Parlament verabschiedet worden und sollte verhindern, was als »Ausverkauf der Heimat« bezeichnet wurde: Es untersagte Immobiliengeschäfte mit Ausländern. Die Hohmanns besaßen keinerlei Eigenkapital, doch da kam ihnen ein zweiter Zufall zu Hilfe. Der Eigentümer des Hauses kannte nämlich den Vater von Elisabeth Hohmann, und so schlug er dem jungen Paar vor, das Haus per Mietkauf zu erwerben. »Dieses Haus war die Grundlage für unser ganzes späteres Leben«, so Patrick Hohmann.

Die ersten Jahre der Selbständigkeit, das waren die guten Jahre. Die Hohmann GmbH, die der junge Unternehmer in Meierskappel im Erdgeschoss des Einfamilienhauses betrieb, handelte mit Garn aus dem Sudan, aus Korea und Brasilien. 4000 Tonnen Garn setzte Hohmann jährlich ab, die Gesellschaft machte rund 40 Millionen Umsatz, ein eher kleiner Player am Markt. Mit seinem ehemaligen Arbeitgeber BSU Trading & Consulting hatte Hohmann vereinbart, dass er die Kontakte zu den Lieferanten und Kunden weiterhin nutzen durfte. Die BSU hatte die Geschäftstätigkeit der Tochterfirma BSU Trading & Consulting aufgegeben, weil die günstigen Importgarne allmählich das einheimische Geschäft bedrohten. Ein klassischer Fall von Kannibalisierung, aber wenn Hohmann es auf eigene Rechnung versuchen wollte, hatte die BSU nichts dagegen. Hohmann, immer neugierig und interessiert an Innovationen, hatte sogar eine zweite, kleinere Firma ins Leben gerufen: Die Remei AG, was für Rechnungswesen Meierskappel steht. Die Firma bestand aus einem großen Computer, und weil sich dessen Anschaffung für die Hohmann GmbH alleine nicht lohnte, verkaufte Hohmann dem Kleingewerbe der Gegend Rechenleistung für die Buchhaltung.

Zu den Kunden der Hohmann GmbH gehörte die DDR, die ihn über eine Firma in Wien beauftragte. Fürst Kraus & Co. war nur eine von zahlreichen Beschaffungsfirmen im Westen, die die DDR mit Gebrauchsgütern versorgte. Patrick Hohmanns Ansprechpartner in Wien war Wolfgang Mahrer, der Geschäftsführer der Fürst Kraus & Co. Ein zweiter großer Abnehmer für die Garne der Hohmann GmbH befand sich in Griechenland und fabrizierte Bettwäsche. Monat für Monat fuhren fünf Lastwagen mit Baumwoll-Garn nach Thessaloniki, jeder von ihnen im Wert von 100 000 Franken. Bis das Garn zu Fixleintüchern verarbeitet war, ging Unternehmer Hohmann in Vorleistung. Hohmanns Hausbank besaß Bankgarantien des griechischen Abnehmers und stellte so die Liquidität der Hohmann GmbH sicher. Bis 1983 ging alles gut, doch dann sistierte Hohmanns Hausbank plötzlich den Kredit. Es stellte sich heraus, dass das Finanzinstitut seiner Sorgfaltspflicht nicht nachgekommen war und statt einer echten Bankgarantie einen Wechsel akzeptiert hatte, der nicht – wie Hohmann angenommen hatte – von einer griechischen Bank beglaubigt war, sondern lediglich die persönliche Unterschrift des griechischen Fabrikanten aufwies. Als der Grieche seine Zahlungen einstellte, gab es als Folge davon auch keinen Kredit mehr für den Garnhändler aus Meierskappel. Hohmann fehlten plötzlich drei Millionen in der Kasse.

Kurz vor Ostern 1983 fuhr Patrick Hohmann nach Thessaloniki. Dort sprach er mit seinem Geschäftspartner und versuchte zu retten, was zu retten war. Tatsächlich fand er von den insgesamt 30 Lastwagenladungen, die ihm der Grieche schuldig war, noch sieben Ladungen Spannbetttücher im Lager. Er schlug seinem Schuldner vor, die Ware an Zahlung zu nehmen als Teilausgleich für die aufgelaufenen Schulden. Sein griechischer Geschäftspartner war einverstanden. Die Lastwagenkolonne setzte sich in Bewegung, mit dem Ziel Schweiz, wo Hohmann vorhatte, andere Abnehmer für die Spannbetttücher zu finden. Hohmann flog in die Schweiz zurück und wartete, doch die Lastwagen kamen niemals an. Sein Geschäftspartner hatte ihn ein zweites Mal betrogen. Der Grieche hatte die Lastwagen umleiten lassen, deren Inhalt hatte er verkauft, und als Patrick Hohmann endlich reagieren konnte, hatte der griechische Fabrikant bereits den Konkurs angemeldet. Damit war das Schicksal der Hohmann GmbH besiegelt. Noch bevor Hohmann seine anderen Lieferanten nicht mehr bezahlen konnte, meldete er ebenfalls Konkurs an: Er ging zum Richter und deponierte die Bilanz. »Ich sehe ihn heute noch den Weg zum Haus hochkommen, mit hängenden Schultern. Er war völlig geknickt. Patrick hat mir unendlich leidgetan«, so Elisabeth Hohmann im Rückblick.

Für die Familie begannen schwierige Zeiten, in denen man von der Hand in den Mund lebte. Die Tochter Elisabeth Seiler Hohmann erinnert sich: »Obwohl die Situation extrem war, ging es uns Kindern ganz gut. Vaters BMW wurde abgeholt, und wir Kinder verstanden nicht so richtig, warum. Für meine Mutter war das natürlich anders.«

Patrick Hohmanns Schwiegereltern Armin und Elisabeth Holdener machten sich Sorgen und fühlten mit, zumal sich der Graben zwischen dem konkursiten Unternehmer und den Eltern Hohmann vertiefte. Gerhart Hohmann, der sein Leben lang von einem Verwaltungsratsmandat geträumt hatte, saß nämlich im Verwaltungsrat von Patrick Hohmanns Hausbank. Vater Hohmann war wenig geneigt, seinem Sohn zu helfen und innerhalb der Bank Aufklärung zu verlangen darüber, wie das Finanzinstitut dazu gekommen war, einen wertlosen Wechsel als Garantie zu akzeptieren. Umgekehrt hatte Patrick Hohmann Hemmungen, gegen die Bank vorzugehen, in deren Verwaltungsrat sein Vater saß.

Was tun in dieser existenziell schwierigen Situation? »Ein Unternehmer findet Lösungen«, hält Patrick Hohmann fest, der mit diesem vordergründig einfachen Satz Definition und Auftrag dessen, was für ihn das Unternehmersein bedeutet, in eins fasst. Der erste und wichtigste Auftrag eines Unternehmers besteht in seinen Augen darin, Ideen für die pragmatische Bearbeitung von komplexen Situationen zu entwickeln. 1983 bedeutete dies, dass Hohmann nochmals von vorne beginnen musste. Anstatt Ware auf eigene Rechnung zu kaufen und mit Gewinn weiterzuverkaufen, arbeitete der Garnspezialist als Vertreter. Hohmann musste kleinere Brötchen backen, denn er erhielt nicht mehr die Kredite, die nötig waren, um auf eigene Rechnung zu handeln und in Vorleistung zu gehen. Fortan vermittelte er Garne von Spinnereien an Abnehmer, die daraus Stoffe herstellten. Dabei erwies es sich als glückliche Fügung, dass er mit der Remei AG ein Unternehmen besaß, das vom Konkurs nicht betroffen war. Für die Teamco in Genf, wo inzwischen sein ehemaliger Chef aus Reutlingen Rolf Schneider saß, beschaffte und verkaufte Hohmann über die Remei AG Garne auf Kommission. Die Lieferanten, die er mit knapper Not doch noch hatte auszahlen können, hielten ihm die Treue.

Bei der Garnbeschaffung war mitunter die Erfindungsgabe des Unternehmers gefragt. So war es unmöglich, von Europa aus mit der sudanesischen Spinnerei in Hajj Abd Allah, die sich mitten in der Wüste befand, in Verbindung zu treten – es gab weder Telex noch Telefon. Patrick Hohmann löste das Problem, indem er einmal wöchentlich zwei Lastwagen von Hajj Abd Allah nach Port Sudan fahren ließ, egal, ob sie voll oder leer waren. Die Reederei am Hafen, die über ein Telex verfügte, meldete dem Garnhändler in Meierskappel dann jeweils, ob und wann Ware zu erwarten war und wie viel.

In den 1980er-Jahren implodierte das Sudan-Geschäft, begonnen hatten die Schwierigkeiten jedoch bereits 1980. Im März dieses Jahres befindet sich Patrick Hohmann in Khartum, als fünf Armeeoffiziere in einem Putsch versuchen, Präsident Dschafar Muhammad an-Numairi zu entmachten. Numairi seinerseits hatte sich 1969 an die Macht geputscht. Wie sein ägyptisches Vorbild Nasser hatte an-Numairi sozialistische und panarabische Reformen durchgeführt. Patrick Hohmann sitzt in seinem Hotelzimmer fest, während draußen in den Straßen gekämpft wird. »Ich konnte von meinem Fenster aus die Toten sehen. Dann habe ich getan, was meine Mutter mir beigebracht hatte: Ich zerriss all meine Papiere, jeden Hinweis auf meine Beziehungen und spülte alles die Toilette hinunter. Ich behielt nur gerade meinen Pass«, erinnert sich Hohmann, dem es am 25. März 1980, als der Flughafen wieder geöffnet wurde, schließlich gelang, das Land zu verlassen. Auch als Schweizer, zumal mit langjährigen Beziehungen, konnte er nicht sicher sein, wie ihn die Aufständischen behandeln würden. »Ich konnte Elisabeth nicht verständigen. Deshalb schickten meine Kollegen, einige waren Münchner, an das Hotel ›Vier Jahreszeiten‹ in München ein Telex mit der Bitte, unseren Frauen mitzuteilen, dass wir am Leben waren. Wir wussten, dass dieses Hotel ein Telex haben musste. Tatsächlich hat das Hotel Elisabeth angerufen. Das habe ich aber erst erfahren, als ich wieder in der Schweiz war.« Die Offiziere, die den Putsch angezettelt hatten, wurden zwar festgenommen, doch im Sudan breiteten sich Unruhen aus, die 1985 in der Absetzung des autoritären Staatsoberhauptes gipfelten. Infolgedessen begann Hohmann, sich auf den zentralafrikanischen Markt zu konzentrieren und trat in Kontakt mit Spinnereien in Sambia und Tansania. Die Spinnereien dort hatten keinen Marktzugang, deshalb bot Hohmann ihnen an, als ihr Agent tätig zu werden. Er nahm eine vereinbarte Kommission, verhandelte an ihrer Stelle die Preise und überwies den Spinnereien das Geld.

Patrick Hohmann sollte noch ein weiteres Mal in den Mahlstrom der Geschichte geraten. Ähnlich wie der Westen hatte die DDR Maschinen für die Textilindustrie in Entwicklungsländer mit der Idee geliefert, dass diese Länder die Anlagen abbezahlten, indem sie Garne nach Ostdeutschland lieferten. Als die Garne aus Indien zwar geliefert wurden, aber qualitativ unbefriedigend waren, schaltete sich die Wiener Beschaffungsfirma Fürst Kraus & Co. ein. Wolfgang Mahrer bat Patrick Hohmann, den indischen Spinnereien einen Besuch abzustatten, um zu sehen, wie sich die Produktion der Garne verbessern ließ. Wie schon im Sudan war Patrick Hohmann nun als Ingenieur für Spezialaufgaben auf dem indischen Subkontinent unterwegs. »Ich fuhr wochenlang im Mietauto von Spinnerei zu Spinnerei, kam häufig erst abends um zehn Uhr in den Spinnereien an, prüfte die Waren und gab die ›corrective actions‹ durch. Ich habe oft im Auto geschlafen, denn Zimmer gab es keine«, erzählt der Spinnereitechnologe.

Im Januar 1990, drei Monate nach dem Fall der Mauer, waren 4000 Tonnen Baumwoll-Garn unter Vertrag für Ostdeutschland. Hohmann rief vorsichtshalber Wolfgang Mahrer in Wien an. »Werdet ihr abnehmen?«, fragte er Mahrer. »Nein«, gab dieser zu, worauf Hohmann den indischen Geschäftspartnern empfahl, die Lieferungen sofort zu stoppen und deren Inhalt auf dem freien Markt zu verkaufen. Mahrer und Hohmann fuhren kurze Zeit später nach Ostberlin, zum DDR-Außenhandelsbetrieb Textilkommerz. Es war die Übergangsphase, die als »transition period« zwischen Kaltem Krieg und der deutschen Wiedervereinigung in die Geschichte eingehen würde, eine Zeit, in der keiner so recht wusste, wie die Dinge liefen. Die ostdeutschen Auftraggeber wollten ihren Vertrag nicht mehr erfüllen. Hohmann und Mahrer verhandelten mit ihnen um Schadenersatz und erhielten schließlich 150000 Franken zugesprochen. »Dieses Geld haben wir ohne Abzüge an die indischen Spinnereien ausgezahlt. Aus dieser Zeit stammen meine bis heute andauernden Beziehungen zu einigen indischen Spinnereien, teilweise ist da schon die dritte Generation am Werk«, freut sich Hohmann.

Der Konkurs 1983 war eine Zäsur im Leben von Patrick Hohmann und im Leben seiner Familie. »Eine schwierige Zeit«, wie Hohmann selber sagt. Doch wie formulierte es der Träger des alternativen Nobelpreises von 2018 Tony Rinaudo? »If you're desperate, you're standing on holy ground.« Der Konkurs schärfte Hohmanns Bewusstsein für die Verletzlichkeit des Menschen und stärkte seinen Glauben an ein Wirtschaften, das er als gemeinschaftlichen Prozess versteht, in dem die Orientierung am Geld nur einen Teil des gesamten Geschehens darstellt. »Ich bewundere meinen Vater für das, was er geschafft hat«, sagt sein Sohn Patrick Hohmann jun., der selbst Unternehmer ist und als solcher eine Uhrenmarke aufgebaut hat. »Einen Betrieb auf die Beine zu stellen, hinter dem eine sozial-ökologische Haltung steht, und trotzdem erfolgreich zu sein: Das ist ein großartiger Spagat. Mein Vater hat den Beweis erbracht, dass man als Unternehmer nachhaltig arbeiten und trotzdem profitabel sein kann.« Bis zum Konkurs war Patrick Hohmann ein vom Erfolg begünstigter Unternehmer gewesen. Es gehört zu seinen Stärken, dass er aus der Pleite heraus mit viel beruflicher Improvisation zu einer neuen beruflichen Identität gefunden hat und dass er aus der eigenen Schwäche ein tiefes und umfassendes Nachdenken über wirtschaftliche Prozesse ableitete. »Zum Leben«, sagt Hohmann, »gehört beides: ein bisschen Glück und ein bisschen Unglück. Das Menschsein findet in der Polarität statt.«

Patrick Hohmann und Jürg Peritz: Zwei Männer engagieren sich für die Nachhaltigkeit

»Patrick ist ein Spinner. Ich habe viel von ihm gelernt.«

1993 lernt Patrick Hohmann den Manager Jürg Peritz kennen. Jürg Peritz stammt aus einer Musikerfamilie mit rumänischen Wurzeln. Sein Vater war ein musikalisches Multitalent. Hugo Peritz, geboren 1906 in Zürich, spielte Geige, Saxofon, Klavier und Vibrafon. Nach einer ersten Station in New York während der Golden Twenties ließ sich Hugo Peritz in Zürich nieder, wo er gemeinsam mit seinem Bruder Bernhard »Berry« eine Band gründete, die erfolgreich in der ganzen Schweiz tourte. Bebop und Swing waren die Klänge, mit denen Jürg Peritz groß wurde. Solange er und sein Bruder Peter im Vorschulalter waren, begleitete die Familie die Band des Vaters zu ihren Auftritten. Die »Berry's« spielten vor internationalem Publikum, im »Palace« in Gstaad, in Montreux im »Casino« und im »Esplanade« in Zürich. Die Bandmitglieder – Brillantine im Haar – trugen stylishe weiße Vestons mit schwarzer Fliege und stapften nach den Konzerten in schicken Knickerbockern durch den Schnee. Die Mutter von Jürg Peritz, Elisabeth Brunner, eine bildhübsche, immer nach der neuesten Mode gekleidete Frau, übernahm die Organisation der Tourneen, organisierte die Auftrittsorte, die Unterkünfte und sah nach ihren beiden Söhnen. 1949 schied Hugo Peritz freiwillig aus der Band aus: Er wollte seiner Familie ein ruhigeres Leben ermöglichen und trat deshalb eine feste Stelle im Unterhaltungsorchester von Radio Basel an. Die Söhne

Patrick Hohmann und Jürg Peritz von Coop: Zwei Pioniere der Bio-Baumwolle, die gemeinsam eine ernst zu nehmende Alternative für Konsumentinnen und Konsumenten geschaffen haben.

sollten eine gute Ausbildung erhalten und später einmal »anständige« Berufe ergreifen.

Von der Musik zur Mode

Etwas von der familiären Wanderlust muss in Jürg Peritz wach geblieben sein, denn ihm war schon früh klar, dass eine Stelle im Büro bei einer Bank oder Versicherung nicht das Richtige für ihn sein würde. Peritz zog es Richtung Mode, das Flair für Mode hatte er von der Mutter geerbt, die er als Kind so gerne begleitete, wenn sie einkaufen ging. Peritz wollte reisen, die Welt sehen und mit Menschen zu tun haben. Dass er nach den Stationen Feldpausch und Jelmoli bei Coop eine steile Karriere machen würde, betrachtet er aber eher als glücklichen Zufall. Peritz gehört nicht zu den Managern, die ihre Laufbahn am Reißbrett geplant haben. »Ich habe in meiner Karriere viele Menschen eingestellt«, erzählt das ehemalige Mitglied der Geschäftsleitung von Coop. Bis zu seiner Pensionierung im Jahre 2012 verantwortete Jürg Peritz den Bereich Marketing/Beschaffung und war der Stellvertreter von CEO Hansueli Loosli. »Manche haben mich gefragt, wie ich es an die Spitze geschafft habe und was sie tun müssten, um weiterzukommen. Ehrlicherweise muss man zugeben, dass sich das meiste nicht planen lässt. Vieles hängt davon ab, wie man sich selber entwickelt und wem man begegnet. Freude an Verantwortung und Einsatzbereitschaft sind ebenfalls wichtige Voraussetzung.«

Coop: Nachhaltigkeit als Strategie

Jürg Peritz ist ein unauffälliger, drahtig wirkender Mann anfangs siebzig, er trägt graues kurzes Haar und eine Brille. Sobald er zu sprechen beginnt, umgibt ihn eine große Klarheit. Peritz führt die Sätze, die er begonnen hat, stets ruhig und ohne jede Hetze zu Ende. Und er verfügt über die Gabe, seine

Ideen beim Verfertigen der Sätze zu ordnen, sodass man den Eindruck gewinnt, man könne ihm beim Denken zusehen, was irgendwie abenteuerlich wirkt. Der Sohn eines Musikers spielt zwar selber kein Instrument, hört jedoch pausenlos Musik, was möglicherweise den Rhythmus seiner Sprechweise beeinflusst.

Jürg Peritz kam 1990 zu Coop und war dort anfangs alles andere als glücklich. Dies änderte sich, als Hansueli Loosli 1992 dazustieß und die verstaubte genossenschaftliche Struktur zu einem dynamischen Unternehmen umbaute. Der Kaufmann und Controlling-Experte Loosli setzte Nachhaltigkeit nicht nur auf die Agenda, sondern verankerte sie als integralen Bestandteil in der Mission und Strategie des Unternehmens. Tempo und Ausrichtung beim zweitgrößten Einzelhändler der Schweiz sagten Jürg Peritz zu. »Ich hatte das Glück, in ein Umfeld zu kommen, das mir entsprach.« Als Einkaufsleiter für die Bereiche Food & Non Food hatte er jahrelang Gelegenheit gehabt, in die Abgründe globaler Beschaffung hineinzublicken. »Ich habe Hongkong erlebt, als es noch ein Produktionsstandort war. Die Abwässer der Färbereien wurden direkt in den Fluss geleitet, der sich dann blau oder rot färbte. Die katastrophalen Arbeitsbedingungen, die ich auf meinen Reisen gesehen habe, haben mich motiviert, nach Lösungen zu suchen.« Als Coop im Food-Bereich das Label naturaplan lancierte und sukzessive aufbaute, dachte Peritz vermehrt darüber nach, wie man die Erkenntnisse aus der Lebensmittelproduktion auf die Textilien übertragen könnte. Konkret suchte er einen Anbieter für Bio-Baumwolle, fand aber keinen, bis er eines Tages in einem Artikel des Branchenblattes »Textilwirtschaft« von Patrick Hohmann erfuhr.

Nicht eben begeistert

»Ich rief Patrick Hohmann an und bemerkte gleich am Telefon, dass Coop nicht das war, was er sich vorgestellt hatte.

Coop war groß, die Remei AG klein. Ich musste ihn praktisch dazu überreden, mich zu treffen.« Die beiden Männer verabreden sich schließlich zu einem längeren Gespräch in Egerkingen, im Gasthof »Kreuz«. Obwohl Patrick Hohmann nicht daran zweifelte, dass Jürg Peritz ernsthaft an Fragen der Nachhaltigkeit interessiert war, setzte er große Fragezeichen hinter eine mögliche Zusammenarbeit. Der Detailhandelsriese Coop war bekannt dafür, kleine Unternehmen zu verdrängen: Das stimmte Hohmann skeptisch und machte ihn vorsichtig. Dazu kam die Frage, ob es Jürg Peritz überhaupt gelingen würde, sich intern durchzusetzen mit der Idee, Konsumenten eine nachhaltige Alternative im Bereich Textilien zu bieten. Die Zusammenarbeit mit einem Großkonzern wie Coop barg zudem enorme Risiken für ein kleines Unternehmen wie die Remei AG. Was, wenn es zu einem Strategiewechsel bei Coop kam? Wenn sich die Strategie der Nachhaltigkeit für Coop langfristig nicht rechnete? Was, wenn Remei nicht genügend Ware liefern konnte, weil ein Teil der Ernte ausfiel? Auch personelle Wechsel musste man fürchten. Wer konnte Patrick Hohmann garantieren, dass Hansueli Loosli und Jürg Peritz lange genug bleiben würden, um eine tragfähige Partnerschaft mit interessierten Bauern aufzubauen?

Aufbau einer komplexen Infrastruktur

Um Bio-Baumwolle in großen Quantitäten zu produzieren, braucht es viel Zeit, viel Geduld und eine akribische Planung. Allein drei Jahre dauert es, bis eine landwirtschaftliche Fläche vom konventionellen Anbau auf den biologischen Landbau umgestellt ist. Die Bäuerinnen und Bauern müssen in der Feldarbeit sowie im Herstellen und Anwenden von biologischem Pflanzenschutz geschult werden. Der Boden muss sich von den zuvor eingesetzten Pestiziden erholen. Und es gibt immer wieder Rückschläge durch schlechte Ernten, Wassermangel oder Bauern, die Fehler machen. Nicht zuletzt müssen genügend Fachkräfte für die Kontrollen auf dem Feld und im Labor zur Verfügung stehen. Sind diese Voraussetzungen erfüllt, kann die Aussaat beginnen, die nach einem halben Jahr zur Ernte führt. Dann dauert es noch einmal ein Jahr für das Entkernen, Spinnen, Weben oder Stricken, Färben und Konfektionieren. Ein ausgesprochen langer Prozess, für den man sich als Abnehmer ganz bewusst entscheiden und den man mittragen muss, wenn man wirklich etwas verändern möchte. Würde Coop dazu bereit sein? »Kommen Sie nach Indien, dann zeige ich Ihnen alles«, sagte Hohmann schließlich zu Jürg Peritz, in der Meinung, den Manager so abschütteln zu können. Doch zu Patrick Hohmanns Verblüffung reiste Jürg Peritz tatsächlich nach Indien, um sich bioRe® India anzusehen. Peritz kommentiert: »Auf mich machte das alles einen guten, seriösen Eindruck. Man konnte mit den Verantwortlichen sprechen. Man sah, wie kompetent sie waren und wie professionell alles organisiert war. Die Leute setzten sich mit viel Herzblut für die biologische Landwirtschaft ein. Zusammen mit der unglaublich ehrlichen Art von Patrick Hohmann ergab sich für mich ein überzeugendes Gesamtbild.« Mit einem kurz gefassten Vertrag von eineinhalb Seiten begann eine für den Schweizer Detailhandel singuläre Geschäftsbeziehung.

Harziger Start

Einfach war der Start nicht, auch wenn sich die Schwierigkeiten nicht unbedingt dort ergaben, wo man sie erwartet hätte. Jürg Peritz konnte die Geschäftsleitung von Coop, der er damals noch nicht angehörte, rasch davon überzeugen, Kundinnen und Kunden Textilien aus Bio-Baumwolle anzubieten. Auch dass eine Abnahmegarantie mit Patrick Hohmanns Remei AG vereinbart werden musste, um langfristig etwas aufzubauen und die Bauern im Projekt zu schützen, fand Zustimmung im obersten Manangement von Coop. Umgekehrt verpflichtete sich Hohmann ja auch zur Exklusivität: Er würde die bioRe® Baumwolle in der Schweiz ausschließlich an Coop liefern. Dies erlaubte es Coop, sich auf dem Heimmarkt mit bioRe® Textilien ein Alleinstellungsmerkmal zu erarbeiten. Das war ein zentraler Punkt, denn die Nachhaltigkeit beinhaltete ja nicht nur soziale und ökologische Verantwortung. Jürg Peritz verstand den Begriff der Nachhaltigkeit in einer erweiterten Form: Das Projekt musste auch unter wirtschaftlichen Gesichtspunkten und bezüglich Marketing zukunftsfähig sein. »Nur wenn etwas wirtschaftlich funktioniert, lebt es auch langfristig. Nachhaltige Produkte machen wenig Sinn, wenn niemand sie kauft«, so Peritz. Etwas anbieten zu können, was insbesondere der zweite Duopolist in der Schweiz nicht im Sortiment hatte, war in dieser Hinsicht hilfreich. Es trug außerdem dazu bei, Coops Position als innovativer First Mover im Bereich Bio-Textilien zu verankern.

Der Gummi bröselt

Ausgerechnet mit der Wirtschaftlichkeit haperte es aber am Anfang. Jürg Peritz organisierte von Anfang an Events und Schulungen, um die Verantwortlichen im Verkauf mit ins Boot zu holen. Die Verkäuferinnen und Verkäufer ließen sich aber zunächst kaum begeistern für die käsebleichen Textilien, die ihren Weg in die Regale fanden und die sich nur schwer und mit viel Engagement verkaufen ließen. Die ersten Kollektionen kamen nämlich ungefärbt in die Läden und waren so konsequent nachhaltig produziert, dass sie die allgemein üblichen Qualitätsstandards nicht erfüllen konnten. Es hagelte Reklamationen und schlechte Testberichte. Qualitätsprobleme mit den T-Shirts waren ein ständiges Thema. Man kämpfte mit verdrehten Nähten und Textilien, die aus der Form fielen. Nach dem fünften Mal Waschen bröselte der Naturgummi, den man anstelle von Lycra beim Elastikband der Socken eingesetzt hatte. Das verärgerte die Konsumenten und kostete viel Sympathie. »Wir waren als Pioniere unterwegs. Da hatten wir nicht zehn Vorgänger, von deren Fehler wir hätten lernen können«, beschreibt Jürg Peritz die Herausforderung. Und er erinnert sich an die Frage, die er in diesen Jahren recht häufig zu beantworten hatte, wenn er vor der Geschäftsleitung erschien: »Wie lange wollen Sie eigentlich noch unser Geld aus dem Fenster werfen?« Heute kennt Jürg Peritz die Antwort.

Remei AG vor der Partnerschaft mit Coop
Drei Jahre lang floppte das Angebot mit den Artikeln aus Bio-Baumwolle. Jürg Peritz blieb hartnäckig: Er schaffte es gar, die ganze Direktion mit Hansueli Loosli nach Indien zu bringen, wo die Manager mit den Bauern sprachen und die Felder besuchten. Der Besuch führte zu einem tieferen Verständnis seitens des Coop-Managements für die Widrigkeiten des Baumwollanbaus und für die ungerechte Allokation der Wertschöpfung innerhalb der textilen Produktionskette. Die Coop-Direktion stellte sich nach diesem Besuch hinter Jürg Peritz und Patrick Hohmann. Während Jürg Peritz das Verkaufspersonal weiter informierte und motivierte, suchte Patrick Hohmann Zulieferbetriebe, die bereit waren, sich auf die Nachhaltigkeit einzulassen. Es machte schließlich keinen Sinn, Bio-Baumwolle anzubauen, um sie danach mit Farben zu färben, die bedenklich waren für die Gesundheit oder die Umwelt verschmutzten. Ebenso fragwürdig waren Zulieferbetriebe mit unmenschlichen Arbeitsbedingungen. Bis zur Begegnung mit Jürg Peritz war Patrick Hohmann ein Garnhändler, der den Anbau von

Bio-Baumwolle als sein Hobby bezeichnete. Die in Rotkreuz ansässige Remei AG hatte zwar in Indien Bio-Baumwolle anbauen lassen und versucht, den beauftragten Bauern für ihre Ware einen Marktzugang auf dem internationalen Parkett zu verschaffen. Das Hauptgeschäft der Remei AG war damals aber nicht der Handel mit Baumwolle, sondern der Garnverkauf: Konventionell produziertes Garn vor allem und das erste Bio-Garn der Stunde zur Weiterverarbeitung für gewebte und gestrickte Stoffe.

Nomadisierende Industrie

Als in den Jahren 1993 und 1994 die Zusammenarbeit mit Coop begann, betrat Patrick Hohmann Neuland, ökologisches und unternehmerisches. Er baute sein Unternehmen konsequent um, damit Kleidungsstücke entstehen konnten, die über den gesamten Entstehungsprozess seinen Ansprüchen bezüglich Nachhaltigkeit genügen konnten.

Sich als Einzelner gegen die Fliehkräfte einer ganzen Industrie zu stellen war im Grunde genommen Wahnsinn. Vermutlich hätte niemand in der Branche einen müden Franken darauf gewettet, dass es Patrick Hohmann gelingen könnte, gegen den Trend ein alternatives Geschäftsmodell zu entwickeln, das auf Vertrauen und Verlässlichkeit basierte. Die Textilbranche ist eine nomadische, global agierende Industrie, die Beziehungen abbricht, sobald sich irgendwo günstigere Produktionsbedingungen auftun. Die Zergliederung des Produktionsprozesses und die Verteilung der einzelnen Arbeitsschritte auf weit voneinander entfernte Länder, sind Standard. Der Preis ist das goldene Kalb, um das in der »world of fashion« alle tanzen oder meinen, tanzen zu müssen. Die chinesischen Näherinnen sind günstiger als jene in Brasilien? Dann werden die Stoffe eben von Brasilien nach China verschifft, die Auftraggeber ziehen weiter. Lokale Industrien veröden, einheimische Produkte werden preislich so sehr unterboten, dass sie nicht mehr wettbewerbsfähig sind. Ein Land beschließt strengere Umweltgesetze? Dann lässt die Industrie eben dort färben, wo man es noch nicht so genau nimmt.

Raum schaffen für Entwicklung

Zu beweisen, dass etwas möglich ist, von dem alle behaupten, das sei unmöglich, ist für Patrick Hohmann eine starke Triebfeder. Er setzte alles daran, einen faktischen, mentalen und finanziellen »Produktionsraum« zu schaffen, in dem das Miteinander und nicht das Gegeneinander die Geschäftsverhältnisse prägten. Seine Aufgabe als Unternehmer sah Patrick Hohmann darin, Raum zu schaffen für etwas Neues: »Man hat eine Million. Wozu hat man die?«, fragt Patrick Hohmann. »Doch nicht, um sie zu bunkern oder zu vererben, sondern um sie in den Wirtschaftskreislauf einzubringen und zwar als Chance, damit etwas entstehen kann.« Jürg Peritz und Patrick Hohmann ergänzten sich hervorragend, um dieses »etwas« entstehen zu lassen.

Vom Spinner zum Textilfachmann

Jürg Peritz, seit 2006 in der Geschäftsleitung von Coop, begriff rasch, dass ökologische Textilien nur eine Chance am Markt hatten, wenn sie modisch mithalten konnten und Teil des angesagten Lifestyles wurden. Er suchte und fand für die Remei AG eine Stylistin, die diesen Anspruch einlösen konnte. Eliane Kobler wurde zur Schlüsselfigur für den Erfolg der Coop-Kollektionen. Kobler hatte ihr Handwerk von der Pike auf gelernt. Nach ihrer Lehre als Damenschneiderin hatte sie in Zürich die Fachklasse für Modedesign an der Kunstgewerbeschule abgeschlossen und war danach bei einem der wichtigsten Fashion-

Importeure der Schweiz als Stylistin tätig gewesen. Jürg Peritz war sie in der überschaubaren Schweizer Modeszene aufgefallen, weil sie konzeptionell sehr stark war und es ausgezeichnet verstand, einer Marke und deren Linien einen »Look« zu geben. Kobler, die die miserablen Produktionsbedingungen in der Textilindustrie aus eigener Anschauung kannte, war außerdem mehr als bereit, Stylingaufgaben für nachhaltig produzierte Kollektionen zu übernehmen. Coop beauftragte Kobler, Coop Naturaline zu entwickeln, ein Sortiment, das nach und nach Textilien für Damen, Herren, Kinder, Babys und den Haushalt umfasste, wie z.B. Frottierwäsche, Bett- und Tischwäsche.

Patrick Hohmann seinerseits fand in Julius Reubke und Alfred Egger von Coop treue Begleiter, die ihm beistanden, als es u.a. darum ging, mit dem Basler Chemiekonzern CIBA Farben ohne die Zugabe von Schwermetallen zu rezeptieren. Egger war bei Coop zuständig für die Qualitätssicherung im Bereich Non-Food und überprüfte die ökologischen Prozesse. Reubke dagegen wusste, was genau in den Farben giftig war und wie man sie zu rezeptieren hatte, dass man am Ende das Färbewasser trinken konnte, ohne Schaden zu nehmen. Eine besondere Herausforderung war es überdies, lichtechte Farben herzustellen, die beim Waschen nicht ausbleichten. Schließlich sollte das nachhaltig produzierte Kleidungsstück lange frisch bleiben und halten.

Eine weitere Aufgabe von Patrick Hohmann bestand darin, CEOs von Entkernungsanlagen, Spinnereien, Färbereien, Ausrüstungsbetrieben und Nähereien zu finden, die bereit waren, einen mentalen Wandel zu vollziehen und den weiten Weg auf sich zu nehmen, um sich schließlich nach den Normen von SA8000 zertifizieren zu lassen. SA8000 ist ein international gültiger Standard, der das Ziel verfolgt, die Arbeitsbedingungen der Arbeitnehmenden zu verbessern. Dabei geht es u.a. um Arbeitssicherheit, geregelte Arbeitszeiten, gerechte Löhne und das Recht, von einem Arbeitskomitee vertreten und angehört zu werden. In Ergänzung dieser Initiativen in den Herstellerländern eröffnete die Remei AG eine Designabteilung, die in Kooperation mit den Coop-Einkaufsverantwortlichen Fashion aus Bio-Baumwolle entwarf. Heute darf man Naturaline von Coop als erfolgreich bezeichnen. Rund 2 Millionen Teile aus bioRe® Baumwolle gehen in den rund 2500 Coop-Verkaufsstellen in der Schweiz jährlich über den Ladentisch.

»Die Textilindustrie ist sehr komplex«, bemerkt Jürg Peritz, der sein ganzes Berufsleben lang mit dieser Industrie zu tun gehabt hat. »Patrick ist eine faszinierende Persönlichkeit. Er ist ja ein Spinner«, scherzt Peritz, indem er auf Hohmanns Spezialisierung anspielt. »Patrick hat sich in einer unglaublich kurzen Zeit vom Ingenieur mit Spezialgebiet Spinnerei-Technologie zum Textilfachmann entwickelt. Das hat er geschafft, indem er ständig Fragen stellte. Er ist nie zufrieden mit einer 80%-Lösung, er fragt so lange weiter, bis es perfekt ist. Ich habe viel von ihm gelernt.« Obwohl die beiden Männer einander respektierten und sich freundschaftlich verbunden waren, war ihr Verhältnis nicht immer konfliktfrei. »Ich hielt trotz unserer Freundschaft einen gewissen Abstand, denn manchmal musste ich auch harte Entscheidungen treffen. Beispielsweise, wenn ich eine Lieferung von Remei zurückweisen musste, weil sie qualitativ nicht den Vereinbarungen entsprach oder wenn es zu Lieferverzögerungen kam«, erklärt Peritz, der 2012 aus der Geschäftsleitung von Coop ausschied und in Pension ging.

Jürg Peritz hat nicht aufgehört, sich für Nachhaltigkeit und menschengerechte Produktionsbedingungen einzusetzen, ebenso wenig wie Patrick Hohmann. Die beiden Männer engagieren sich heute gemeinsam in der bioRe® Stiftung, deren Präsident Jürg Peritz heißt.

bioRe® India Ltd.

»Ent-täuschung heißt ja: Ich habe mich getäuscht. Ich habe nicht genau genug hingesehen.«

Indore, rund 800 Kilometer nordwestlich von Mumbai gelegen, ist eine geschäftige Stadt – kleine Handwerksbetriebe, ein paar Fabriken, die üblichen Monoblöcke mit Werkstätten für Motorräder und Generatoren. Vor den Kleiderläden schaukeln bunte Saris im Wind. Dahinter ist auf geköpften Puppen die neue Herrenmode aufgezogen: Auf Taille geschnittene Kurzarmhemden und Jeans mit starken Ausbleichungen im Schenkelbereich. Die Buden für Haushaltsbedarf werden gerahmt von grellgrünen, grellblauen und orangefarbenen Plastikschnüren. Mit diesen schmückt man den Hals der Kühe. Die Zweimillionenstadt gilt als sauberste Stadt Indiens. Und tatsächlich sind die Straßen und die unbefestigten Plätze gefegt. Nirgends Abfall, keine achtlos weggeworfenen Verpackungen, keine PET-Flaschen. Die Grünanlagen sind gepflegt und wirken einladend.

Madhya Pradesh: Fruchtbar und arm

Sobald man jedoch die Stadt verlässt, dünnt sich die Besiedlung aus und gibt den Blick frei auf eine abwechslungsreiche, wunderschöne Landschaft. Acker reiht sich an Acker, in der Ferne spenden Sträucher und die gefiederten Neem-Bäume Schatten. Der überall anzutreffende Neem-Baum ist ein für tropische und subtropische Gegenden typischer Baum, der 15 bis 20 Meter hoch wird. Seine Rinde, die Blätter und Früchte werden zu pharmazeutischen Zwecken gebraucht. Am Straßenrand fliegen gelb gesprenkelte Mimosa-Bäume vorbei. Man fährt durch Dörfer mit notdürftig geflickten Häusern und windschiefen Hütten, überholt Ochsenkarren und Frauen mit schweren Lasten auf dem Kopf. Kinder spielen mit selbst gebasteltem Spielzeug oder mit ausgedienten Autoreifen. Die Losbude ist meist der einzige bunte Fleck im Dorf. Er verspricht Hoffnung, eine trügerische allerdings. Die Erde ist rötlich oder schwarz, leichte Böden wechseln sich ab mit schweren, lehmhaltigen Schollen. Und allmählich formt sich aus der hügeligen, von flachen Ebenen unterbrochenen Landschaft die unendliche Weite von Madhya Pradesh. 72 Millionen Menschen leben in diesem Bundesstaat in Zentralindien, der das Kernland der indischen Kultur ist, die Heimat der Hindi-Sprache. Die meisten Menschen in diesem Staat sind arm, obwohl man das Wort »arm« nicht so gerne verwenden möchte, impliziert es doch stets ein Gefälle, das zur Gönnerhaftigkeit einlädt. Vielleicht wäre es besser zu sagen, dass die Menschen in Madhya Pradesh – sie sind vorwiegend in der Landwirtschaft tätig – ungeheuer viel leisten, hart arbeiten und doch nie auf einen grünen Zweig kommen. Madhya Pradesh hält denn auch einen traurigen Rekord: Der zentralindische, landwirtschaftlich geprägte Bundesstaat liegt bezüglich der wirtschaftlichen Entwicklung weit abgeschlagen auf Platz 26 von insgesamt 29 Bundesstaaten. Dies, obwohl oder vielleicht gerade weil Madhya Pradesh nach den Bundesstaaten Maharashtra und Gujarat der drittgrößte Baumwoll-Produzent des indischen Subkontinentes ist.

Ja statt Nein

Am 2. August 1990 marschiert der Irak in das Emirat Kuwait ein und beginnt mit der gewaltsamen Eroberung des Wüstenstaates den zweiten Golfkrieg. Patrick Hohmann wird das Datum nicht so schnell vergessen, denn an diesem Tag taucht am Remei-Hauptsitz in Rotkreuz ein Mann auf, den er nie zuvor gesehen hat. Er heißt Morgan Jalan und stammt aus einer reichen indischen Familie, die ausgedehnte Teeplantagen im Norden von Indien besitzt. Morgan Jalan hat von seinem Vater Geld für eine Baumwoll-Spinnerei bekommen. Sie soll im Nimar-Tal gebaut werden, 100 Kilometer südlich von Indore, in geringer Entfernung zu einem großen Strom, der Narmada heißt.

Jalan hat von Hohmann und seinen Fähigkeiten gehört und hofft, den Schweizer Spinnerei-Technologen als Vertriebspartner gewinnen und von seinen Fachkenntnissen profitieren zu können. Ob er nicht in den Verwaltungsrat der Maikaal Fibres Ltd. kommen könne? Patrick Hohmann sind die Enteignungen der Firma seines Vaters in Ägypten und im Sudan noch sehr präsent. Daher folgt er einem einfachen Prinzip: Keine Beteiligung im Ausland. Jalan reist unverrichteter Dinge ab, er wäre aber kein Inder, wenn er nicht kurze Zeit darauf nochmals nachfragen würde. Eine Milliarde Menschen: Bei dieser Menge an Konkurrenz käme man nirgends hin, wenn man nicht insistieren würde. Patrick Hohmann bespricht sich mit seiner Frau, und sie sind sich beide einig: Die Antwort bleibt »Nein«. Aus reiner Höflichkeit trifft sich Patrick Hohmann nochmals mit Morgan Jalan auf einen Drink in einer Bar in Mumbai. Er erläutert dem indischen Unternehmer, warum er nicht in den Verwaltungsrat seiner Spinnerei kommen wolle. Beim Verlassen der Bar, fragt Jalan: »So, you're in? Sind Sie dabei?« Hohmann will erneut ablehnen, gibt aber zu seiner eigenen Verblüffung eine ganz andere Antwort. »Yes, I'm in. Ja, ich bin dabei«, sagt er. Rückblickend kommentiert Patrick Hohmann: »Ich weiß nicht, was das war. Eine Art geistige Umnachtung vielleicht oder ein Willensimpuls, der stärker war als das

Bewusstsein.« Elisabeth Hohmann ist nicht besonders erfreut, als sie erfährt, dass ihr Mann entgegen der gemeinsamen Abmachung zugesagt hat, aber: »Es gibt immer Dinge, die muss man nicht diskutieren. Die sind einfach so. Patrick entschied Dinge, von denen ich dachte: Er soll das jetzt machen, wenn er das für richtig hält. Ich spürte, dass er Freude daran hatte. Da war so etwas wie ein Sog in ihm.«

Bio-Baumwolle am Start
Der Standort für die Spinnerei stand fest, in den ersten Sitzungen des Verwaltungsrates im Frühling 1989 ging es nun darum, welche Maschinen man anschaffen und wie das Gebäude strukturiert werden sollte. Natürlich kam auch die Frage auf, woher die Baumwolle denn kommen sollte, die man zu verspinnen gedachte. Morgan Jalan hatte an einen Händler in Bhopal gedacht, einer Stadt, die rund 300 km von der geplanten Spinnerei entfernt lag. Im gemeinsamen Gespräch stellten Hohmann und Jalan jedoch fest, dass es eigentlich absurd war, den Rohstoff in Bhopal zu kaufen, wenn es doch um die geplante Fabrik herum ebenfalls Baumwollbauern gab. Das Nimar-Tal ist gut geschützt, da es eingebettet ist zwischen dem Vindhya-Gebirge im Norden und dem Satura-Gebirgszug im Süden. Felder, die nahe genug am Narmada-Strom lagen, konnten sogar künstlich bewässert werden. Das war ein wichtiger Vorteil, da die Baumwollpflanze sehr viel Wasser braucht. Weil sie schließlich Genaueres über den lokalen Anbau wissen wollten, besuchten Hohmann und Jalan schließlich einen Baumwollbauern in der Nachbarschaft. Was sie von ihm erfuhren, war irritierend und stimmte die beiden Geschäftsmänner nachdenklich. Der Bauer erzählte ihnen nämlich unter anderem, dass er zwar 1 Dollar pro Kilogramm Baumwolle erhalte, dass er aber zuvor 70 Cents für Pestizide ausgegeben hätte. Pestizide wohlgemerkt, deren effektive Kos-

ten doppelt so hoch waren, da der indische Staat sich mit 50% daran beteiligte. Somit schlugen nur schon die Pestizide mit 1,40 Dollar zu Buche und überstiegen also den Marktpreis bei Weitem, vom Lohn des Bauern ganz zu schweigen.

In diesem Zusammenhang warfen Patrick Hohmann und Morgan Jalan erstmals die Idee auf, Bio-Baumwolle anzubauen. Die Familie von Morgan Jalan hatte bereits Erfahrungen im Anbau von Bio-Tee gesammelt und die waren positiv. Warum also sollte man es, um das Einkommen der Bauern zu verbessern, nicht auch mit Bio-Baumwolle versuchen?

Hohmann flog zurück in die Schweiz und besprach sich mit seinem damaligen Geschäftspartner Peter Tschannen. Die beiden fassten den Plan, in der Umgebung der neu gegründeten Maikaal Fibres Ltd. Bio-Baumwolle anzubauen, ernteten aber in der Diskussion mit weiteren Gesprächspartnern nicht gerade Begeisterung. Die Familie von Morgan Jalan, Freunde in Mumbai, mit denen Hohmann sprach, aber auch Regierungsvertreter in Tansania sagte alle das Gleiche: Vergesst es! Das Interesse war – gelinde gesagt – gedämpft. Bio-Baumwolle, was sollte das denn sein? War das nicht einfach eine skurrile Idee? Ein Marketing-Gag? Fast ein Jahr ging ins Land. Als aber Morgan Jalan, Patrick und Elisabeth Hohmann zu einer indischen Hochzeit eingeladen waren, wurde die Idee ein zweites Mal ernsthaft diskutiert. 1991 schließlich stürzten sich Morgan Jalan, Patrick Hohmann und Peter Tschannen in das Abenteuer Bio-Baumwolle. Unterstützung holten sie sich bei einem Spezialisten für Bio-Dynamik und Ökolandbau, bei Tadeu Caldas vom britischen Emerson College. Begonnen wurde mit nur einer Handvoll Bio-Bauern auf einer verhältnismäßig kleinen Fläche von 60 000 Quadratmetern. Erfahrung im Bio-Landbau hatte Patrick Hohmann keine. Was ihn antrieb, war vor allem die Einsicht, dass die Bauern zu wenig zum Leben hatten und dass Bio-Baumwolle dies vielleicht ändern würde. Wenn europäische Konsumenten bereit waren, für nachhaltig produzierte Lebensmittel tiefer in die Tasche zu greifen, dann würden sie sicher auch bereit sein, die nachhaltige Landwirtschaft entsprechend zu honorieren.

Rückstand bei der Prämie

Bereits damals versprach Patrick Hohmann den Bio-Bauern für ihre Anstrengungen im bio-dynamischen Landbau eine Prämie auf den Marktpreis, und einige Jahre ging alles gut. Die Bauern durchliefen den dreijährigen Umstellungsprozess vom konventionellen Anbau zum Anbau von Bio-Baumwolle. Danach lieferten sie die Baumwolle und erhielten den Marktpreis plus die Prämie von der Maikaal Fibres Ltd. ausbezahlt. Das wenigstens glaubte Patrick Hohmann, bis er eines Tages im Gespräch mit Bauern eine unangenehme Entdeckung machte: Die Bauern hatten ihre Prämie nicht bekommen, die Maikaal Fibres Ltd. befand sich mit der Zahlung zwei Jahre im Rückstand. Morgan Jalan war illiquid, die Maikaal Fibres Ltd. war pleite, das Geld war nicht bis zu den Bauern gekommen. In einer gemeinsam gefällten Entscheidung teilten Morgan Jalan und Patrick Hohmann die Verantwortlichkeiten neu auf. Jalan würde sich auf die Spinnerei konzentrieren, Hohmann übernahm die Verantwortung für die Bauern, denen er die entgangenen Prämien aus eigener Tasche bezahlte. Er legte sein Verwaltungsratsmandat nieder, stieg aus der Spinnerei aus und gründete im Jahre 2003 bioRe® India. Angesprochen auf diese unschönen Ereignisse, meint Patrick Hohmann: »Enttäuschung heißt ja: Ich habe mich getäuscht. Ich habe nicht genau genug hingesehen. Für Außenstehende sind solche Dinge oft schlimmer als für mich. Ich blicke einfach nach vorn.« Und weiter: »In Europa gibt es übrigens auch Betrüger.«

bioRe® India

Bis heute ist bioRe® India im Nimar-Tal, in Kasrawad zu Hause, unweit der pleite gegangenen Spinnerei. Das Gelände ist lose bebaut mit hübschen Pavillons aus Backstein, deren Veranden Schatten spenden. Der Garten mit Rasenflächen, Gemüsebeeten, gelben und orangen Ringelblumen und mit von Bäumen gesäumten Wegen ist ruhig und groß genug, um die Bauern und Bäuerinnen zu Schulungen zu empfangen, ebenso wie die vielen interessierten Gäste aus aller Welt, deren Besuch sehr willkommen ist. In einem der Pavillons steht eine kleine Skulptur, die mit Blumen geschmückt ist. Sie stellt einen Nandi-Bullen dar, das Reittier des Hindu-Gottes Shiva. Gleich dahinter hat Patrick Hohmann eine Tafel anbringen lassen mit einem Zitat von Rudolf Steiner: »Heilsam ist nur, wenn im Spiegel der Menschenseele sich bildet die ganze Gemeinschaft und in der Gemeinschaft lebt der Einzelseele Kraft.« Dieser eindrückliche Satz, der auf ein nuanciertes Wechselspiel zwischen Individuum und Gemeinschaft verweist, bildet das Fundament von bioRe® India Ltd. und der zugehörigen Stiftung bioRe® Association. Oder genauer gesagt, das Zusammenspiel von bioRe® Ltd. und der indischen bioRe® Stiftung lässt jene Balance entstehen, die in dem Zitat zum Ausdruck kommt und die Patrick Hohmann so wichtig ist.

CEO Vivek Rawal

Geleitet wird bioRe® India von Vivek Rawal, Jahrgang 1979. Rawal ist CEO und ständiger Direktor, Patrick Hohmann unterstützt ihn als Verwaltungsratspräsident bei seinen Aufgaben. Die übrigen Sitze im Gremium sind besetzt mit indischen Spezialisten, einer von ihnen ist der Menschenrechtsaktivist Rajagopal P.V., zwei VR-Mandate sind reserviert für Baumwoll-Bauern, damit der Bezug zur Praxis gewährleistet bleibt. Rawal, der vor

Energie nur so sprüht, hat einen ungewöhnlichen Werdegang hinter sich. Er stammt aus der Gegend, hat Biologie studiert und sich danach um eine Anstellung in der hoch angesehenen indischen Verwaltung bemüht. Um dort einen Arbeitsvertrag zu bekommen, muss man eine der härtesten Prüfungen der Welt absolvieren: Von jährlich 200 000 Bewerbern werden nur gerade 450 Personen genommen. Rawal, der sich mit Biologie schlechte Chancen ausrechnete, absolvierte zusätzlich noch ein Studium der Rechte, wo es weniger Bewerber gab.

Die Prüfungen für den Indian Administrative Service sind dreistufig. Man muss mindestens 21 Jahre alt sein, um in den Dienst zu treten, kann aber schon früher zu den Vorprüfungen erscheinen. Rawal legte die erste Runde der Prüfungen mit 19 Jahren ab und bestand. Zwischen der ersten und der zweiten Prüfung geschah jedoch etwas, womit er nicht gerechnet hatte: Der Staat schloss Angehörige der Brahmanen-Kaste, also der höchsten Kaste, von einer Anstellung »auf unbestimmte Zeit« aus, und Rawal war Brahmane. Dazu muss man wissen, dass der indische Staat seit der Unabhängigkeit große Anstrengungen unternimmt, damit alle Kasten, insbesondere auch Kastenlose oder Angehörige der Stammesvölker, sogenannte Adivasi, im Staatsdienst und im Studium an der Universität angemessen repräsentiert sind. Das Thema ist ein Dauerbrenner in der politischen Diskussion, Facebook ist voll von Kommentaren frustrierter Angehöriger der »besseren« Kasten. Rawal hingegen reagierte pragmatisch auf die Zugangsbeschränkung und die Sackgasse, in der er sich wiederfand. Er beschloss, in die Privatwirtschaft zu wechseln und schrieb sich für ein Postgraduierten-Studium in Sozialarbeit ein. Mehrere Jahre arbeitete er nach seinem Abschluss bei Non-Profit-Organisationen im Norden von Indien und in Delhi, u.a. war er bei SOS Kinderdorf verantwortlich für die Jugendarbeit.

Rawal zog es allerdings zurück in seine Heimat, doch es gelang ihm nicht, im Nimar-Tal eine Anstellung zu finden. Er beschloss daher, eine eigene Stiftung für Jugendarbeit zu gründen. Auf der Suche nach Unternehmern, die bereit waren, die Stiftung mit Geld zu alimentieren, traf er Ritu Baruah und Patrick Hohmann. Angetan von Rawals Vorhaben, fragten sie ihn, ob er die geplanten Projekte nicht lieber im Rahmen der bioRe® Associaton verwirklichen wolle. Rawal war einverstanden, und so wurde 2005 ein überaus glückliches Jahr für den indischen Fachmann, denn er kehrte nicht nur in seine Heimat zurück, sondern heiratete auch.

Funktionierende Gemeinschaft

Seither ist viel geschehen. Die Stiftung bioRe® Association konkretisiert den Anspruch, starke Gemeinschaften zu schaffen und im partnerschaftlichen Dialog nach Lösungen zu suchen für das, was den Bäuerinnen und Bauern am dringendsten erscheint. Patrick Hohmann setzt bei der Vergabe von Stiftungsgeld auf Kontinuität, auch und gerade dann, wenn Schwierigkeiten auftreten und nicht gleich alles rundläuft. Treue und die stete Bereitschaft, zuzuhören, in Beziehung zu bleiben und Schwierigkeiten gemeinsam zu lösen, sind für Hohmann zentral. »Schenken kann jeder«, scherzt Hohmann, »davonrennen auch.« Die Bäuerinnen und Bauern können Anträge stellen und beteiligen sich im Rahmen des Möglichen selbst an den Projekten. Eines der ersten Projekte, das Patrick Hohmann und Vivek Rawal anpackten, waren die sogenannten »Animation Schools«. Dies geschah auf Wunsch der Bio-Bauern, die jahrelang darunter litten, dass der indische Staat zwar jedem Kind das Recht auf Bildung garantiert, die Schulen aber in der Praxis so weit entfernt lagen, dass Kinder in dünn besiedelten Gebieten keine Chance hatten, zu Fuß dahin zu kommen. Ganz besonders nicht in Zeiten des Monsun, wenn alle Fußwege überschwemmt sind und der Boden so morastig ist, dass man nicht vorwärtskommt. Finanziert wurden und werden die Schulen unter anderen von Coop. Ein Geschenk, das sich sehr gut entwickelt.

Rund 1200 Kinder besuchen derzeit die bioRe® Schulen, die übrigens allen Kindern in den abgelegenen Gebieten offenstehen, nicht nur den Kindern von bioRe® Bauern. Im November 2018 konnten die ersten Jugendlichen bei einem feierlichen Akt ihr Graduation-Abschlussdiplom entgegennehmen. Die weiterführenden bioRe® Schulen setzen aber nicht nur auf akademische Abschlüsse, sondern bieten auch handwerkliche Ausbildung an, so z.B. in Nähen, Motorradmechanik, Grundkenntnisse in Elektrik sowie Computer-Ausbildungen. Alle Kurse stehen beiden Geschlechtern offen, und ein Blick in die Werkstätten zeigt eine gut gemischte Schülerschaft. Gelehrt wird zweisprachig, in Hindi und Englisch. Das gemeinsame Engagement hat sich ausgezahlt und trägt seit Jahren Früchte. Ohne den Beitrag der Bauern hätten die Schulen nicht entstehen können. Sie traten Gebäude ab, wo man ein Klassenzimmer für die Kleinen einrichten konnte, und sie leisteten beim Bau der weiterführenden Schulen Fronarbeit.

Weitere Projekte umfassen ein unabhängiges Unternehmen für handgewobene Bio-Stoffe, Nähateliers, in denen z.B. Schuluniformen genäht werden, und – ganz wichtig – ein Krankenhaus auf Rädern. Das mobile Krankenhaus, ebenfalls von Coop finanziert, besucht zu festgesetzten Tagen auch ganz abgelegene Orte. An Bord steht hochwertige Medizin zur Verfügung: Röntgen, EKG, ein Labor für Bluttests, Ultraschall etc. Neben der unmittelbaren Behandlung leisten die mobilen Ärztinnen und Ärzte auch den unschätzbaren Dienst, dass sie Kranke richtig zuweisen, falls diese eine weiterführende Behandlung in einem Spital brauchen. Die Wege in Madhya Pradesh sind lang und sehr beschwerlich, für gering verdienende Menschen ist Mobilität zudem teuer. Sich in der Adresse zu irren, kann tödlich sein.

Das Geschäftsmodell

Die eigentliche Geschäftstätigkeit von bioRe® India Ltd., nämlich der Anbau und die Vermarktung von gentechfreier Bio-Baumwolle, steht vor gigantischen Herausforderungen. Derzeit hat bioRe® India Ltd. Einzelverträge mit 3550 Bauern in der Gegend des Nimar-Tals. Diese Bauern erhalten eine Abnahmegarantie von 80% ihrer Ernte. Für ihre Leistungen im Bio-Bereich gibt es zusätzlich eine Prämie von 15%. Die Prämie basiert auf dem durchschnittlichen Baumwoll-Marktpreis der vergangenen fünf Jahre.

Warum ist eine Abnahmegarantie wichtig? Wie bereits erwähnt, existiert im globalen Baumwollhandel ein Missverhältnis in der Verteilung des Risikos. Die schwächsten Marktteilnehmer tragen das höchste Risiko und zahlen, wenn sie Liquiditätsengpässe überbrücken müssen, auch die höchsten Zinsen. »Eigentlich müsste es doch genau umgekehrt sein«, meint Patrick Hohmann. »In den reichen Ländern, in denen man es sich leisten kann, müssten die Zinsen hoch sein und in den armen niedrig. In Indien ist ein Zinssatz von 14% normal.«

Indische Bauern verschulden sich beim Kauf des Saatgutes. Bis zum Verkauf ihrer Ernte sind sie weitgehend illiquid. Im Grunde genommen gehen sie eine Wette ein: Sie investieren in Saatgut und hoffen, dass sie beim Verkauf der Baumwolle mehr erhalten, als sie ausgegeben haben. Nicht immer jedoch geht diese Wette auf. Das Wetter oder ein Schädling kann ihre Ernte beeinträchtigen. Passieren kann es auch, dass die Bauern auf ihrer Ernte sitzenbleiben, weil es zu einer globalen Überproduktion gekommen ist. Die Abnahmegarantie sichert den Bauern ein Mindesteinkommen und bindet sie an den Weltmarkt an. »Ich will ja keinen Scheinmarkt schaffen«, so Hohmann. Die Abnahmegarantie honoriert zudem die Anstrengungen des einzelnen Bauern: Wer gute Qualität liefert, bekommt einen besseren Preis. Wer schlechte Qualität liefert, erhält den üblichen Marktpreis dieser Kategorie. Einem Mindestpreis, wie ihn manche Fair-Trade-Organisationen bezahlen, steht Patrick Hohmann eher kritisch gegenüber, weil er die Leistungen des Individuums nicht angemessen berücksichtigt. In jedem Falle verlagert sich mit der Abnahmegarantie das Risiko von den Bäuerinnen und Bauern auf die bioRe® India Ltd. und die Remei AG in Rotkreuz. Die Remei AG unterhält Lagerhäuser, in der überschüssige Baumwolle aufbewahrt werden kann, bis sich die Verkaufsbedingungen verbessern. Oder das Unternehmen kann die Bio-Baumwolle in den konventionellen Markt abverkaufen. Das birgt nicht zu unterschätzende Gefahren für das Unternehmen, denn gerade beim Abverkauf in den konventionellen Markt werden die Kosten, die beim Bio-Landbau entstehen, nicht gedeckt. Bio-Baumwolle zum Preis von konventioneller Baumwolle zu verkaufen ist ein reines Verlustminimierungsgeschäft.

Betrug mit Bio-Baumwolle?

Bis 2010 war bioRe® India gut unterwegs. Die Bio-Baumwolle boomte, rund 7000 Landwirte standen unter Vertrag. Im bioRe® Training Centre in Kasrawad und in den Dörfern wurden die Bauern im bio-dynamischen Landbau geschult und sensibilisiert für ein ganzheitliches Verständnis von Mensch, Tier und Pflanze. Doch dann der Schock: In der Tageszeitung »taz Berlin« war am 22. Januar 2010 unter dem Titel »Betrug mit angeblicher Bio-Baumwolle« ein Artikel erschienen, in dem behauptet wurde, auch Bio-Baumwolle sei mit genmanipulierter Baumwolle verunreinigt. Patrick Hohmann fühlte sich sicher, denn er kannte den Anbau, er kannte die Kontrollbesuche auf dem Feld, er vertraute seinen Mitarbeitern und er kannte die Tests im Labor, wo bioRe® India die Baumwolle systematisch überprüfen ließ. Trotzdem veranlasste er, dass sein ganzes Garnlager sytematisch durchgeprüft wurde. Nach einer Woche kam Marion Röttges, damals noch Leiterin Kontrolle und IKS (Internes Kontrollsystem) in sein Büro.

»Dir bleibt nichts erspart«, sagte sie.

»Was meinst du damit?«

»Ich habe unsere Lager von einem europäischen Labor testen lassen. Unsere Baumwolle ist auch kontaminiert«, teilte ihm Röttges mit.

Genmanipulierte Baumwolle
oder wenn Fakten Fakten schaffen

1997 wurden in Indien erste Feldversuche mit sogenanter GVO-Baumwolle unternommen. GVO steht für Genveränderte Organismen, im Englischen spricht man von GMO, Gen Manipulated Organism. In Indien ist auch der Ausdruck Bt für Bacillus Thuringiensis üblich, jenes Protein also, das in die Baumwoll-Pflanze eingebaut wird und toxisch wirkt. Noch genauer: Es wird ein Genabschnitt eingebaut, der es der Pflanze erlaubt, das Bt-Protein zu exprimieren. Die Idee hinter Bt-Cotton war, jede einzelne Zelle der Baumwollpflanze so umzubauen, dass der gefürchtete Schädling, der Baumwollkapselwurm (engl.: Pink Ballworm), verendet, sobald er sich ans Fressen macht. Die Industrie versprach eine Pflanze, die den Einsatz von Pestiziden überflüssig machen sollte. Pestizide haben u.a. die Eigenschaft, dass sie sich ungleich verteilen, wenn man sie auf die Pflanze sprüht. Diesem Nachteil wollte man mit dem Einbau des erwähnten Proteins beikommen. Egal, wo der Schädling seinen Kiefer ansetzen würde: Sein Magen würde platzen. Weiter versprach die Industrie größere Ernten und eine bessere Qualität. Bei der Baumwolle bedeutet dies größere, einfacher zu pflückende Faserballen mit längeren Fasern. Mit einem kontrollierten Versuch machten sich die Regulatoren daran zu überprüfen, was an den Versprechen der Industrie dran war und ob man GVO-Baumwolle in Indien guten Gewissens zulassen konnte. 2001 jedoch entdeckte der indische Staat, dass bereits Tausende von Hektaren illegal mit genmanipulierter Baumwolle bepflanzt worden waren, die neue Technologie befand sich bereits im Ökosystem. Anstatt eine Strafverfolgung aufzunehmen, beschloss das Genetic Engineering Approval Committee GEAC die Flucht nach vorne. Im März 2002 wurde der Anbau von genmanipulierter Baumwolle in Indien zugelassen. Indien ist nach China der zweitgrößte Baumwoll-Lieferant weltweit.

Nadel im Heuhaufen

Was war geschehen? Warum war die bioRe® Baumwolle gentech-verseucht? Waren alle Felder kontaminiert oder nur ein Teil von ihnen? Hatten die überschießenden Wasser des Monsun den Boden verunreinigt? Hatte es Pollenflug gegeben von benachbarten Feldern, auf denen GVO-Baumwolle angebaut worden war? Fragen über Fragen, die Suche nach Antworten gestaltete sich schwierig. Es stellte sich heraus, dass die Testmethode ELISA, die die indischen bioRe® Mitarbeiter verwendeten, nur dann zuverlässige Resultate ergab, wenn die Pflanze die Proteine bereits gebildet hatte. Die Methode war als Eingangskontrolle für Samen unbrauchbar. Das Bremer Labor Impetus Bioscience hatte den Samen mit einer anderen Methode getestet, mit der Polymerase Chain Reaction (PCR), einer innovativen DNA-Analytik. Der Befund war eindeutig: Der Samen, den bioRe® bei externen Saatgutherstellern gekauft hatte, war GVO-verunreinigt. Zu wissen, dass man die falsche Testmethode verwendet hatte, war erst einmal beruhigend. Das ließ sich ja ändern. Alarmierend jedoch war der Befund hinter dem Befund: Offenbar konnte man in Indien keinen Samen mehr bekommen, der zuverlässig GVO-frei war. Diese Erkenntnis war der Beginn großer Schwierigkeiten beim Anbau von Bio-Baumwolle in Indien und führt bis heute dazu, dass weite Teile der Ernten aus dem Nimar-Tal mit Verlust in den konventionellen Handel abverkauft werden müssen. Ein anderer Baumwollhändler als Patrick Hohmann hätte vielleicht aufgegeben und das Geschäft in ein anderes Land verlagert. Doch Hohmann blieb seinen Bauern trotz der Schwierigkeiten treu und begann, das Problem von der anderen Seite her anzupacken.

Aggressives Marketing

Indien, dieser Kontinent der Miseren und Wunder, begrüßt das Neue mit einer Neugier und einer Euphorie, die in den Industrie-Ländern nur schwer vorstellbar ist. Die Zukunft in Indien ist voller Verheißungen, ein Paradies, wohin zu gelangen ohne Weiteres möglich ist, wenn man das Neue nur heftig genug umarmt. Es ist diese Eigenart, die Indien zur Großmacht in der Informatik gemacht hat. Eine Eigenart aber auch, die der GVO-Baumwolle zum Durchbruch verholfen hat. Mit einem aggressiven Marketing brachte die Industrie die neuen, genmanipulierten Samen unter die Leute. Mit Lastwagen und Lautsprechern auf deren Dach zogen Syngenta, Monsanto und andere Unternehmen durch die Dörfer. Bunte Poster wurden aufgestellt, es gab Unterhaltungsprogramme für die Bauern, Werbefilme und Inserate. Die Namen des Saatgutes klangen nach Bollywood oder nach den Mächtigen dieser Erde. Besonders populär war eine Sorte namens »Obana«, die klangliche Ähnlichkeit war beabsichtigt und sollte die machtvolle Aura des amerikanischen Präsidenten auf den Baumwollsamen übertragen.

Erst einmal hörte sich das vielversprechend an. Und erst einmal sah es ganz danach aus, als ob sich die Versprechen bewahrheiten würden. In den ersten zwei, drei Jahren ging der Einsatz von Pestiziden tatsächlich zurück. Dann aber entwickelte der Baumwollkapselwurm Resistenzen, und die Bauern, die sich eben noch darüber gefreut hatten, dass man auf Pestizide verzichten konnte, mussten ohnmächtig mitansehen, wie ihre Ernte von der Baumwollpest vernichtet wurde. Das führte dazu, dass die Bauern erneut Pestizide einsetzten. Sie bekämpften damit vor allem die Sekundärschädlinge, wie zum Beispiel die weiße Fliege, die nach Ausfall des »Pink Ballworms« die frei gewordene Nische besetzte und vom Sekundärschädling zum Hauptschädling wurde. Die Industrie legte nach und brachte einen weiteren genmanipulierten Typus auf den Markt, die Bt-II-Baumwolle mit zwei eingebauten Proteinen. Das war nicht erfolgreich: Heute werden mehr Insektizide denn je eingesetzt, im Vergleich zu 2006 die doppelte Menge.

Fünfzehn Jahre nach der flächendeckenden Einführung der GVO-Baumwolle steht man vor einem Scherbenhaufen. Die Menschen in Bt-Anbaugebieten erkranken signifikant häufiger an Krebs. Sie klagen über Atembeschwerden und Hautausschläge. Die Selbstmorde haben deutlich zugenommen, weil die Bauern sich mit dem Kauf von teurem Saatgut verschuldet haben und weil die Kosten für Saatgut und Pestizide in die Höhe geschossen sind. Die Biodiversität hat abgenommen, die Bienen sterben, die Schädlinge sind aggressiver geworden. Neben den Schädlingen fallen außerdem die Nützlinge den Toxinen zum Opfer. Die »Coalition for a GM-free India« hat errechnet, dass die Böden rund 100 Millionen Kilogramm an Toxinen enthalten, weil die Bt-Pflanzen diese Stoffe über die Wurzeln ins Erdreich abgeben. Was die Gesundheit des Bodens angeht, kann man allerdings nur Vermutungen anstellen. Von den Mikroorganismen, die im Boden wirksam sind, kennt man nur einen verschwindend kleinen Teil, nämlich rund 20 %. Der Rest bildet eine Terra incognita, was natürlich einen wissenschaftlichen Vergleich erschwert. Bei Feldversuchen sieht man, dass die Erde auf Feldern mit GVO-Bepflanzung ganz anders ist als der Boden, der mit GVO-freier Baumwolle bepflanzt ist, aber man kann es nicht messen. Man sieht, dass die Erde lockerer ist, mehr und andere Würmer enthält, aber man kann keine verlässlichen Aussagen darüber treffen, woran das genau liegt. Das Allerschlimmste an der GVO-Praxis ist: GVO-freier Samen ist nicht mehr in ausreichender Menge vorhanden. Praktisch jede Lieferung Samen, die gentechfrei sein sollte, enthält auch GVO-Samen. Dazu kommt, dass die meisten alten, einheimischen Desi[4]-Baumwollsorten, die besonders ausdauernd waren und wenig Wasser brauchten, fast ganz verschwunden sind.

GVO-Dominanz macht Bio-Bauern das Leben schwer

Inzwischen wird 70 % der indischen bioRe® Ernte in den konventionellen Markt abverkauft, weil sie den strengen Standards, die sich bioRe® gibt, nicht genügt. »Wir haben keine Wahl«, sagt Vivek Rawal. Er fügt allerdings an: »Wir erschaffen uns aber eine.« Tatsächlich spielt bioRe® seit 2007 und verstärkt seit 2011 eine wichtige Rolle bei der Erforschung und beim Vergleich der Anbaumethoden. Gemeinsam mit dem Forschungsinstitut für biologischen Landbau FibL im schweizerischen Frick unternimmt bioRe® ausgedehnte Feldstudien, um den konventionellen Anbau, den bio-dynamischen, den biologischen und den genmanipulierten Anbau miteinander zu vergleichen. Ziel ist es, gesicherte Erkenntnisse über die einzelnen Anbaumethoden zu gewinnen, damit man zum Beispiel die Auswirkungen der gewählten Methoden auf die Bodenbeschaffenheit mit Fakten untermauern könnte. Das ganz große Ziel jedoch lautet, GVO-freien Samen in ausreichender Menge züchten zu können und zwar einen Samen, der ebenfalls gute, reiche Ernte verspricht.

Namaskaar Gold: Bio-Baumwolle hat wieder Zukunft
Unter einem aus feinen Netzen gespannten Zelt wächst in buschig grünen Reihen der ganze Schatz einer zehnjährigen Anstrengung. bioRe® India ist es in Zusammenarbeit mit der University of Agricultural Science in Dharwad gelungen, eine alte Desi-Baumwollsorte in mühevoller Kleinarbeit wieder zu züchten und sogar weiterzuentwickeln. Namaskaar Gold, wörtlich »Guten Abend, Gold!«, wird es als Sorte und als Hybride geben.

Was sind eigentlich Hybride? Der Umwelt- und Naturwissenschafter Markus Kunz, der bei der Remei AG zuständig ist für das Supply Management, erklärt es mit Esel und Pferd. Man kreuzt z.B. das Muttertier Esel mit dem Vatertier Pferd und hat danach als Nachkommenschaft ein Tier, das die jeweils besten Eigenschaften von Esel und Pferd aufweist. Ausdauernd wie ein Esel, kräftig wie ein Pferd. Hybride sind nicht reproduktionsfähig, weder bei Tieren noch bei Pflanzen. Dies hat die Saatgutindustrie ausgenutzt, indem sie besonders die Hybride mit viel Werbung in den Markt drückte, denn die mangelnde Reproduktionsfähigkeit gleicht einem eingebauten Sortenschutz. Die einzigen Baumwoll-Hybride, die es bisher in Indien gibt, sind genmanipuliert. Den Anbau muss man sich so vorstellen, dass abwechslungsweise eine Reihe Mutterpflanzen und eine Reihe Vaterpflanzen nebeneinander gepflanzt werden. Die Bestäubung erfolgt von Hand, eine eindrucksvolle, zeitraubende Prozedur, die aber bei den Baumwollbauern durchschlagenden Erfolg hatte, weil die Kapseln, in denen die Baumwollfasern reifen, besonders groß werden und entsprechend große, weiße Faserballen liefern. bioRe® Indien ist es gelungen, die ersten gentechfreien Hybride auf dem indischen Kontinent zu züchten, die im Bio-Anbau vergleichbare Resultate bringen wie die genmanipulierten. Es sind Erfolge wie diese, die der indischen bioRe® Forschung 2018 die staatliche Anerkennung als unabhängiges, biologisches Forschungsinstitut eingetragen haben. Patrick Hohmann ist aufgrund der Forschungsresultate überzeugt, dass der Boden gesunden und die Biodiversität wiederhergestellt werden kann. An die Summen, die er in den vergangenen Jahren in die Forschung gesteckt hat, mag er gar nicht denken. Jedes Jahr hatte er im Verwaltungsrat sechsstellige Beträge ohne erkennbare Rendite zu verantworten. »Oft wurde mir die Frage gestellt: Wie lange dauert das denn noch?«, erzählt er und fügt an: »Es dauert lange, sehr lange. Zehn bis zwölf Jahre.« 2019 oder 2020 wird Namaskaar Gold in ausreichender Menge als Samen für die bioRe® Bauern zur Verfügung stehen. Ein Durchbruch in der Forschung des gentechfreien Saatgutes. Und vielleicht ein Neubeginn nach dem Albtraum auch für andere Anbaugebiete in Indien.

bioRe® Tanzania Ltd.

»Ich halte immer Abstand, von Königen gleich viel wie von Bauern.«

Der Flughafen von Mwanza ist klein und übersichtlich. Auf einem Hügel, mitten im Tropengrün, steht der beige Tower. Das Empfangsgebäude aus Zement ist flach und bescheiden. Man muss nicht lange suchen, um die Menschen zu entdecken, die einen abholen. Draußen auf dem Parkplatz, auf der rötlich gestampften Erde, wartet ein weißer Geländewagen auf die Besucher aus der Schweiz. Die Koffer sind rasch verladen, und dann geht es los. Patrick Hohmann lehnt sich nach vorn und wirft einen besorgten Blick durch die Windschutzscheibe in den Himmel. Der ist grau und verhangen, ein Tropenhimmel mit dickbauchigen Wolken. »No rain today«, sagt Niranjan Pattni, der CEO von bioRe® Tanzania Ltd. »Da bin ich mir nicht so sicher«, erwidert Hohmann. Wenn es jetzt bloß nicht in die Baumwolle regnet, die dick und wattig in den geöffneten Fruchtkapseln sitzt und nur darauf wartet, geerntet zu werden. »No rain today«, wiederholt Pattni und lächelt. Er wird recht behalten: Kein Regen an diesem Tag, und auch kein Regen an den Tagen danach.

Der Weg von Mwanza am Victoriasee in den Meatu-Distrikt ist weit und nicht ganz ungefährlich: Nach hundert Kilometern hört der Asphalt auf, und dann ist man gut beraten, aufzupassen auf der Schotterpiste, die weiter nach Südosten in die Baumwollgebiete führt. Verkehr gibt es wenig, die meisten Einheimischen sind zu Fuß unterwegs oder radeln neben der Piste über den verkrauteten Boden von Dorf zu Dorf. Es sind Ochsenkarren zu sehen und junge Frauen, die ihre Wassereimer auf dem Handkarren nach Hause schieben. Es gibt eine Stromleitung, die der Straße folgt, aber nur wenige Häuser sind an sie angeschlossen. Hin und wieder ist in der Ferne eine Staubfahne zu sehen. Dann weiß man: Bald kommt ein Baumwolltransporter – gigantisch große Lastwagen in strahlendem Blau steuern auf uns zu, turmhoch beladen mit prallen, weißen Säcken. Oder anders gesagt: Vierzig voll beschleunigte Tonnen, die nicht ausweichen werden. Beim leisesten Schlenker nämlich kippen die Lastwagen von der bombierten Piste und verursachen Unfälle, die oft tödlich enden. Das gilt es zu vermeiden. Besser also, man fährt langsam zur Seite und macht Platz, bis sich das laute Hupen des Lastwagens wieder in der Ferne ausdröhnt.

Die Gegend südlich des Victoriasees ist flach bis zum Horizont und von einer majestätischen, erhabenen Schönheit. Große Gruppen von Baobab-Bäumen wischen vorbei, jeder Baum eine eigene Persönlichkeit; bis zu 800 Jahre werden sie alt. Vermutlich hat es hier früher Elefanten gegeben, denn die Samen des Baobab machen eine Keimruhe durch und werden im Verdauungstrakt von Tieren »geweckt«. Erst danach können sie zu diesen imposanten Affenbrotbäumen heranwachsen. Die meisten Baumwollfelder sind schon abgeerntet, die leeren Stängel warten darauf, ausgerissen und gehäckselt zu werden. Danach pflanzen die Bauern Mais an oder Hirse, deren schöne Dolden wie filigrane Scherenschnitte vor dem Horizont stehen. Die wenigen noch reifen Baumwollfelder sind gesprenkelt mit blassgelben und rosafarbenen Blüten. Außerhalb der Felder wachsen Robinien, Sisal und kreidige Dornbüsche. Überall sind die für die Tropen und Subtropen typischen Neem-Bäume zu sehen, denen die Trockenheit wenig ausmacht. Aus ihren Blättern setzen die Bauern einen Sud an, der dem Baumwollschädling »pink bollworm« den Appetit verdirbt. Auch zwischen die Baumwolle gepflanzte Reihen mit Sonnenblumen helfen bei der Schädlingsbekämpfung: Sie locken die Schädlinge an, während die Baumwolle nebenan unbehelligt weiterwachsen kann. Allgegenwärtig sind große Rinder- und Ziegenherden, die von Jugendlichen mit Stöcken oder Steinwürfen gelenkt werden. Wie in vielen ländlichen Gegenden Afrikas hat auch in Meatu kaum jemand ein Bankkonto. Das Bankkonto hat vier Beine, die Herden sind ein gut gehüteter Schatz. Sobald es Bargeld gibt, werden Tiere gekauft. Und braucht man wieder Cash, geht man zum Markt und verkauft eins der Tiere.

Patrick Hohmanns Beziehung zu Tansania geht auf das Jahr 1986 zurück. Damals kaufte er Baumwoll-Garn von einer Spinnerei in Tanga, der nördlichsten Hafenstadt des Landes. Die CIC Textile Mill gehörte Chhotubhai Somaia, einem lebensfrohen Geschäftsmann, der Partys schmiss, wenn Hohmann vorbeikam, und in dessen Haus man philosophierte, diskutierte und viel Whiskey trank, bis der Morgen graute. Somaias rechte Hand war ein Mann namens Niranjan Pattni, dem Chhotubhai vertraute wie seinem eigenen Sohn. Der indischstämmige Tansanier hatte Chemie studiert, für eine Seifenfabrik gearbeitet und war schließlich über den Kleider-Großhandel in der Textilindustrie gelandet. 1994 begann Chhotubhais Sohn Yogesh mit dem Anbau von Bio-Baumwolle in Meatu. Der Distrikt liegt im Landesinneren, rund 600 Kilometer von Tanga entfernt, die Gegend eignet sich aufgrund ihrer Trockenheit besonders gut für den Baumwollanbau. Patrick Hohmann unterstützte das Projekt, doch irgendwie kam die Sache nicht so recht vom Fleck. Die CIC Textile Mill nämlich erlitt das Schicksal, das so viele Betriebe in strukturschwachen Gegenden erleiden: Sie ging aufgrund ständiger Stromausfälle bankrott.

Patrick Hohmann beschloss, die Verantwortung für die Bauern zu übernehmen und direkt mit ihnen zusammenzuarbeiten. Mit der Unterstützung von Niranjan Pattni gründete er bio-Re® Tanzania, ohne jemals in Meatu gewesen zu sein. Als er mit seinem Mitstreiter hinfuhr, entdeckte er eine archaische Welt ohne jeden Komfort. Es gab keinen Strom, kein Telefon und keine Unterkünfte, nur sehr viel Sonne und Staub und die enttäuschten Bauern, die ihnen erzählten, dass sie die versprochene Prämie für ihre Bio-Baumwolle nie erhalten hatten. Als Hohmann und Pattni kurze Zeit später ein zweites Mal nach Meatu hinausfuhren, packten sie einen Koffer voll mit Geld, um den Bauern die geschuldete Prämie bar auf die Hand zu geben.

Seit diesem Tag sind Patrick Hohmann und Niranjan Pattni miteinander befreundet. Pattni verfügt über eine seltene Gabe: über einen von Weisheit grundierten Humor. Wenn er von den Leistungen der Menschen in Meatu spricht, von ihren Missgeschicken und Erfolgen, von ihren Schlitzohrigkeiten, dann lacht er, aber sein Lachen ist niemals hämisch oder verletzend. Es ist ein nachsichtiges Lachen, ganz so, als lache er auch über sich selbst oder über diese kuriose Gattung an sich, die der Mensch doch ist. Pattni ist keiner, der befiehlt. Er ist ein exzellenter Zuhörer, er wirkt offen und vertrauenerweckend. Das zieht die Menschen an, sie gehen gern auf ihn zu und fragen ihn um Rat. Patrick Hohmann verdankt Niranjan Pattni viel, denn ohne ihn wäre es sehr schwierig gewesen, das Anbaugebiet für Bio-Baumwolle in Meatu zu entwickeln. Erst betreute Pattni die Bauern von Tanga aus, 2001 zog er ganz nach Meatu. Es war für ihn eine ausgesprochen schwierige Zeit. Getrennt von seiner Frau Priscilla und seinen vier Kindern, die in Tanga geblieben waren, musste er jeweils in die 160 Kilometer entfernte Hauptstadt Shinyanga fahren, um seine Familie anrufen oder um ihnen eine E-Mail schicken zu können.

S. 108f. | Schulung für den Anbau von Tomaten in Fruchtfolge, v.l.n.r.: Ndamo Basanda, Sawa Lugulu, Faustin Magalata, Esther Luhende, Masonga Luhende, Mahega Luchagula.

Oben | v.l.n.r.: Niranjan Pattni (CEO bioRe® Tanzania Ltd.) im Gespräch mit seinem Team. Edward Gafungilo (Field Extensionist), Masanja Pambe (Field Extensionist), Faustin Magalata (Training Officer), Peter Kwilasa (Supervisor, heute: Production Manager), Alfred Sayi (Field Extensionist).

Rechts oben | v.l.n.r.: Agnes John, Dorica Mhandi, Modesta Kwilasa bei einer Kochdemonstration in Mwambegwa mit einem effizienten Kochofen, der Holz spart und CO_2 kompensiert. Zu jedem Bauernhaus der Gegend gehört ein separates Kochhaus.

Rechts unten | Die Menschen, die am schwersten arbeiten, erhalten – im Vergleich zu den Menschen, die am Ende der Lieferkette tätig sind – den geringsten Lohn. bioRe® entlastet die Bauern mit einer Abnahmegarantie und einer Prämie für Bio-Baumwolle. Hier im Bild Kabula Jiliala Lukomanga beim Baumwollpflücken. Sowohl ihr Vater wie auch ihr Onkel sind Vertragsbauern bei bioRe® Tanzania Ltd.

Die Unterkunft in einem ländlichen Guesthouse war bescheiden, ebenso die Kochkünste der Besitzerin. Bleiches Suppenhuhn und fad ausgekochter Mais sind in der Gegend noch heute das höchste der Gefühle. Wenn Pattni nach Tanga fuhr, kam er mit lauter getrockneten Esswaren zurück nach Meatu. Erst als bioRe® Tanzania 2005 den Hauptsitz nach Meatu verlegte und ein Gebäude-Ensemble baute, wurde es leichter für ihn. Nachdem die Kinder aus dem Haus waren, kam schließlich 2009 auch seine Frau Priscilla nach Meatu. Sie übernahm im Hauptsitz des stets größer werdenden Unternehmens das Sekretariat, half mit bei der Einführung der rauchfreien Öfen, und vor allem übernahm sie die Küche, eine unschätzbare kulinarische Bereicherung für die ganze Gegend und für alle Gäste, die nach Meatu kommen. »Priscilla hat unglaublich viel Energie«, so Pattni. »Sie schafft es ohne Weiteres, 14 Stunden am Tag zu arbeiten.«

Der Hauptsitz von bioRe® Tanzania befindet sich in Mwamishali (Distrikt Meatu), rund 280 Kilometer südöstlich von Mwanza entfernt. Das Zentrum umfasst eine Demonstrationsfarm und bietet den Bauern eine Unterkunft, wenn sie die Schulungen besuchen. Manche von ihnen kommen mit dem eigenen Motorrad, die meisten aber werden von bioRe® Tanzania mit einem Bus abgeholt, da sie weit weg vom bioRe® Zentrum leben, teilweise in einer Entfernung von 50, 60 Kilometern. Die Gebäude gruppieren sich um einen Innenhof, in dem Bougainvilleen wachsen. Die Ziegel für die Bauten wurden vor Ort hergestellt und gebrannt. Wochenlang mussten sie mit Wasser eingerieben und an der Sonne getrocknet werden, damit sie keine Risse bekamen. Das Gelände verfügt zwar über einen Schlagbaum zur Straße, einen Zaun aber gibt es nicht. »Ich mag keine Zäune«, sagt Patrick Hohmann, dem von den lokalen Autoritäten dringend geraten wurde, das Gelände zu sichern. Hohmann, dem es wichtig ist, dass der Hauptsitz einladend und offen ist, hat sich taub gestellt. Zu Recht, denn in 13 Jahren wurde nur ein einziges Mal eingebrochen, der Täter – ein Mitarbeiter – war schnell gefasst. Freundlich wirkt der Ort außerdem, da er von mehreren hundert Neem-Bäumen umgeben ist. Jeder Besucher, jede Besucherin wird eingeladen, vor der Abreise einen Baum zu pflanzen und neben dem handgroßen Setzling eine Tafel mit Datum und Namen in den Boden zu stechen. Die Geschichte des Hauses: eine lebendige Chronik, die man im Schatten der Neem-Bäume abgehen kann.

Mit 45 Bauern hat 1994 alles begonnen. Inzwischen hat bioRe® Tanzania 2054 Bauern unter Vertrag. Anders als in Indien jedoch handelt es sich nicht um Einzelverträge, sondern um eine Art Familienvertrag. Die Flächen in Tansania sind – verglichen mit Indien – ungleich größer. Pro Landwirt sind es zwischen zwei und drei Hektaren, die mithilfe der weit verzweigten Verwandtschaft bearbeitet werden. Das ist nicht ohne Risiko. »Wenn nur einer von ihnen nicht sauber arbeitet, hat man keine Bio-Baumwolle mehr«, betont Patrick Hohmann.

Tansania ist für die Remei AG das derzeit wichtigste Anbaugebiet. Wegen der GVO-Problematik müssen große Teile der indischen Ernte als Verlustminimierungsgeschäfte in den konventionellen Markt abverkauft werden. Aus diesem Grund stützt sich Remei AG hauptsächlich auf die tansanische Baumwolle. Rund 70 % der Bio-Baumwolle stammt aus den 26 Dörfern im Distrikt Meatu. Genmanipulierte Baumwolle ist in Tansania nicht zugelassen, und es sieht ganz so aus, als ob es so bleiben würde. Das vereinfacht den Bio-Landbau. Tansania hat außerdem ein viel homogeneres Klima als Indien. Während in Indien Dutzende von Baumwollsorten zur Auswahl stehen, erlaubt der tansanische Staat nur eine einzige Sorte: UKM08. Das Kürzel verweist auf das tansanische Institut Ukiriguru, das die besonders ertragsreiche Sorte gezüchtet hat, sowie auf das Jahr der Samenfreigabe.

bioRe® Tanzania schätzt sich außerdem glücklich, eine Entkernungsanlage gleich vor Ort zu haben. Dort werden die Samen, die sich mit feinen Härchen an die Fasern im reifen Baumwollknäuel klammern, gleich nach der Ernte maschinell ausgekämmt. Baumwolle ist ein Agrarprodukt und wird weltweit vorwiegend in strukturschwachen Gegenden kultiviert. Das erschwert eine weitere Wertschöpfung vor Ort. Wenn etwa der Strom fehlt, muss die Baumwolle für die Entkernung in weiter entfernte Gegenden transportiert werden. Im tansanischen Distrikt Meatu dagegen ist es Nassor Ali Farai gelungen, eine Entkernungsanlage direkt im Anbaugebiet zu betreiben und dank der verlässlichen Aufträge von bioRe® weiter auszubauen. Farai schafft Arbeitsplätze und Perspektiven, denn für den Betrieb der Entkernungsanlage braucht es Facharbeiter und Personal für die Administration. Die lokale »ginnery« ist außerdem ein guter Arbeitgeber, denn die Firma will den internationale Standard SA8000 erfüllen. Dieser basiert auf Konventionen der Internationalen Arbeitsorganisation ILO und den Vereinten Nationen UN. Er hat zum Ziel, die Arbeitsbedingungen der Arbeitnehmer zu verbessern, u.a. durch den Verzicht auf Kinderarbeit, die Zulassung von Gewerkschaften, das Verbot von Zwangsarbeit, durch Gesundheitsschutz, Arbeitssicherheit u.v.m. Trotz gesicherter Auftragslage ist das Geschäft aber für den osmanischstämmigen Unternehmer Farai mit großen Schwierigkeiten verbunden. In der Gegend kommt es häufig zu Stromunterbrüchen, was eine zügige, termingerechte Erledigung der Aufträge enorm erschwert.

Ganz ohne Probleme ist der Anbau von Bio-Baumwolle aber auch in Tansania nicht. Der Klimawandel und mit ihm verknüpft unberechenbares Wetter bzw. längere Dürreperioden sind eine ständige Herausforderung. Hier setzt die bioRe® Stiftung an, indem sie Brunnen baut und »Wasser erntet«. Die bioRe® Stiftung lässt große Wassertanks aus Beton anlegen und verknüpft diese dann mit Dachkanälen benachbarter Gebäude. So werden während der Regenzeit die Wasserfluten geerntet. Ein einziger Tank kann bis zu 300 Menschen während 10 bis 11 Monaten mit sauberem Trinkwasser versorgen. »Wasser-Ernten« sind sinnvoller als Brunnen mit Pumphebeln, weil sie das Grundwasser nicht angreifen. Kurioserweise ist es für die Stiftung viel schwieriger, Sponsoren für die Wassertanks zu finden als für die Brunnen, obwohl »Wasser-Ernten« ungleich produktiver und ökologischer sind. Offenbar rührt das Bild einer Frau am Brunnen stärker ans Herz als die Mühelosigkeit des vom Himmel herabfallenden Wassers.

Eine weitere Aktivität der Stiftung ist die Schulung der Bauern zum Thema Erosionsschutz. Je trockener der Boden, desto eher wird die fruchtbare Schicht vom Wind fortgetragen. Naturhecken aus Ästen und Gestrüpp brechen nicht nur den Wind, sondern bieten auch Vögeln und Insekten Zuflucht und tragen so zur Biodiversität bei. Seit 2017 macht man Versuche mit Handmaschinen für die Aussaat. Sie pflügt den Boden nicht um, sondern öffnet ihn nur auf einer kleinen Spur, gerade so viel, wie nötig ist, um den Samen in den Boden zu bringen. Die Resultate sind vielversprechend, begonnen hat man mit drei Maschinen, inzwischen sind 50 solcher Geräte im Einsatz. In diesem Zusammenhang erwähnenswert sind auch die neuen Kochöfen, die dazu beitragen, dass bioRe® Baumwolle CO_2-neutral ist. Diese Öfen erleichtern das Leben der Frauen ungemein, weil sie sehr viel weniger Holz brauchen. Die Suche nach Brennholz ist Frauensache und verschlingt normalerweise sehr viel Zeit. Zeit, die man nun besser nutzen kann für Aktivitäten, die das Familieneinkommen erhöhen. Und natürlich bedeutet ein geringerer Holzverbrauch auch, dass mehr Bäume im Umkreis der Bauernhäuser der Abholzung entgehen, was wiederum dem Grundwasserspiegel zugutekommt.

Patrick Hohmann fährt jedes Mal, wenn er nach Tansania reist, von Hof zu Hof, um mit den Bauern zu sprechen und sie nach ihren Erfahrungen zu fragen. Im Schatten eines Baums werden Plastikstühle für ihn und die weiteren Gäste, Besucher aus Übersee und Mitglieder aus dem bioRe® Team, aufgestellt. Hohmann schüttelt den Gastgebern die Hand. Er verstärkt seine Ehrerbietung, indem er die Bauern und die Bäuerinnen beim Unterarm fasst, in fast allen Ländern Afrikas ist dies ein übliches Zeichen für Respekt. Dann setzt sich Hohmann und schweigt. Er lässt die Zeit verstreichen, als müsste er erst die Landschaft um sich herum aufnehmen, bevor das Gespräch beginnen kann. Nichts passiert. Alle sehen sich ein wenig um. Aha, ein neues Haus wurde gebaut. Wie funktionieren die Öfen? Wie macht sich der von der Regierung ausgegebene Baumwoll-Samen? Wie sieht es mit der Ernte aus, den Schädlingen? Was gibt es Neues in der Familie? Es wird ein wenig geplaudert, dann wieder lange und freundlich geschwiegen.

Man spürt, dass Patrick Hohmann sich wohlfühlt, dass er die Menschen hier versteht und sie ihn.

Damian Juilangi, der seit 1994 am Projekt teilnimmt, ist mit der Ernte zufrieden. Er konnte sich ein Motorrad kaufen, das ihm in dieser dünn besiedelten Gegend unschätzbare Dienste erweist, denn mit dem Motorrad kann Jilangi seine Felder leichter erreichen. Vor allem aber kann er seine Verwandten besuchen, wann immer er möchte. Zusammen mit seiner Frau hat er acht Kinder, drei von ihnen sind bereits verheiratet. Ein Sohn hat an der Universität studiert und arbeitet nun als Lehrer. Eine Tochter studiert auf der Polizeischule, eine weitere Tochter besucht die weiterführende Schule. Zwei

Söhne sind Bauern geworden wie der Vater. Die Familie trägt ihre beste Kleidung, und sie gibt gerne Auskunft über das, was sie das Jahr über für die Bio-Baumwolle getan haben: Aussaat im November bis März, dann die kleine Regenzeit. Große Regenzeit von Februar bis April. Jetzt im August ist Erntezeit, die Baumwolle wird in Betttücher geknüpft, auf die Ochsenkarren geladen und zu den Annahmestellen in die Dörfer transportiert. Vor den bioRe® Lagerhallen wird die Qualität geprüft, die Last gewogen und umgepackt in Säcke. Im winzigen Büro daneben erhalten die Bauern schließlich nach Unterzeichnung einer Quittung den Lohn für ihre mühevolle Arbeit in bar ausgezahlt.

»Wie macht sich die neue Handmaschine beim Säen?«, will Hohmann wissen. Neuerdings säen die tansanischen Bauern in Reihen und nicht einfach aus der Hand, was den Ertrag erhöht und die Ernte erleichtert. Der tansanische Agronom Marco Paul übersetzt. Die Landessprache ist Swahili, Hohmann begrüßt die Bauern in ihrer Muttersprache, aber für eine ernsthafte Unterhaltung ist er auf sein Team angewiesen. »Gut«, meldet Paul zurück. »Jilangi brauchte viel weniger Samen als letztes Jahr, aber die Maschine sei schwer und nicht so wendig.« Hohmann nickt nachdenklich. »Zu schwer also«, sagt er. »Sag ihm, dass wir prüfen, ob sich da etwas machen lässt.«

Als Patrick Hohmann in den 1990er-Jahren mit Bio-Baumwolle in Tansania begann, hatte er eines Tages mitten in einem Baumwollfeld eine Eingebung. Sie lautete »100/10/2«. In Hohmanns Verständnis zeigte diese Zahlenreihe, die sich ohne weitere Erklärung in seinem Geist abbildete, dass es ihm dank der Bio-Baumwolle gelingen würde, das Einkommen von hunderttausend Bauern in zehn Jahren zu verdoppeln. »In Indien ist mir das nicht gelungen«, sagt Hohmann. »In Tansania aber schon.« In Indien hat die GVO-Problematik den Fortschritt gebremst.

Überall im Anbaugebiet in Meatu wird Hohmann angesprochen und um zinslose Darlehen gebeten. Die Tansanier sind aktiv und haben immer wieder Geschäftsideen. So zum Beispiel eine Kooperative, die von der bioRe® Stiftung ein zinsloses Darlehen erhalten hat, um eine Ölmühle aufzubauen und zu betreiben. Sonnenblumen stehen – wie bereits erwähnt – in jedem Baumwollfeld, und eines Tages kamen die Bauern auf die Idee, sich ein Zusatzeinkommen zu verschaffen, indem sie die Sonnenblumenkerne zu Speiseöl verarbeiteten. Die Reste von den gepressten Kernen ergeben außerdem ein schmackhaftes, nährstoffreiches Viehfutter, das sich ebenfalls verkaufen lässt. »Bis auf 250 Dollar hat die Kooperative das ganze Darlehen zurückbezahlt«, erzählt Hohmann bewundernd.

Neben der Ölmühle steht ein Bretterzaun, der von Bänken gesäumt und von einer blauen Plastikblache beschattet ist. Hinter dem Zaun kocht eine Frau in zwei Töpfen Huhn und Mais: ein kleines Restaurant für die Kunden der Ölmühle und für die Bauern, die nebenan die Baumwolle anliefern. Die Gastronomin hat Erfolg, die Bänke sind gut besetzt. Sie fragt Hohmann, ob die Stiftung ihr nicht ein Darlehen geben könne. Sie hätte so gerne ein festes Dach, das dem Wind standhielte. Hohmann betrachtet ihr Restaurant, geht um den Zaun herum. »Haben Sie den Zaun selber gebaut?« – »Ja«, lässt die Frau ausrichten, den habe sie selber gebaut, ohne die Hilfe von Männern. Hohmann zögert. Er scheint zu überlegen, ob es sich hier um die Förderung einer Privatperson handle, oder ob das Restaurant zur Stärkung der Dorfgemeinschaft beiträgt. Privatpersonen unterstützt die Stiftung nämlich nicht. Hohmann sagt weder ja noch nein. Es ist auch nicht seine Aufgabe, über Darlehen zu entscheiden. Die werden von der tansanischen bioRe® Stiftung vergeben. Hohmann lächelt und bleibt zurückhaltend. Einmal hat er gesagt: »Ich halte immer Abstand, von Königen gleich viel wie von Bauern.« Dann deutet er aber auf die bioRe® Mitarbeiterin Justina Samson, die in der Gegend sowieso alle kennen. »Wenden Sie sich an Justina«, sagt Hohmann zur Köchin. »Sie wird Ihnen helfen, ein Gesuch zu verfassen.«

Remei AG, bioRe® Stiftung, bioRe® Labels

Warum so kompliziert?
Für Außenstehende ist es ziemlich schwierig, sich im geschäftlichen Universum von Patrick Hohmann zurechtzufinden. Das Zusammenspiel zwischen der Remei AG und der bioRe® Stiftung ist nicht auf Anhieb zu begreifen und erscheint auf den ersten Blick kompliziert. Trotzdem lohnt sich ein zweiter Blick, denn gerade die Kooperation von AG und Stiftung hat den Effekt, eine ganz andere Art des Wirtschaftens hervorzubringen, nämlich miteinander statt gegeneinander.

Banken verständnislos
Die Remei AG ist ein klassisches auf Gewinn ausgerichtetes Handels- und Textilunternehmen. 2004 beschloss der Remei-Verwaltungsrat, den Kunden in Zukunft ausschließlich Bio-Baumwolle und fertige Textilien aus Bio-Baumwolle für den Detailhandel anzubieten. Patrick Hohmann folgte damit seiner inneren Überzeugung. »Man kann nicht halb bio machen«, so Hohmann, dem es zunehmend zu schaffen machte, neben der Bio-Baumwolle weiterhin konventionell produzierte, d.h. mit Pestiziden behandelte, genmanipulierte Baumwolle im Angebot zu haben. Für das Unternehmen bedeutete dieser Entscheid eine freiwillige Halbierung des Umsatzes, denn die Nachfrage nach Bio-Baumwolle war nicht groß genug, um den entgangenen Ertrag, den man mit konventionell produzierter Baumwolle erwirtschaftet hatte, auszugleichen. Der Entscheid zeigt, dass Gewinn für Hohmann zwar wichtig ist, nicht aber

die Gewinnmaximierung. Patrick Hohmann steht der Anhäufung von Geld kritisch gegenüber, Gewinn ist für ihn als Unternehmer nur sinnvoll, wenn er dazu dient, weiterarbeiten zu können. Im Vordergrund stehen für ihn also nicht Finanzziele, sondern die Möglichkeit, Bäuerinnen und Bauern in Tansania und Indien, sowie den Angestellten in den Zulieferbetrieben ein menschenwürdiges Leben und Raum für Entwicklung zu verschaffen. Konkret bedeutet dies, dass sich die Remei AG mit jährlich 2 bis 3 % Gewinn zufriedengibt. Das ist ungewöhnlich bescheiden und führt gelegentlich zu Schwierigkeiten mit den Banken, die Kredite nur dann bewilligen, wenn die Eigenkapitalrendite mindestens 12 % beträgt. Eigentlich widersinnig, denn Kredite sollten die Wirtschaft ankurbeln und unterstützen. Stattdessen werden sie als Belohnung für gewinnmaximierendes Verhalten vergeben. »Ich muss die Bauern ausbeuten, damit ich einen Kredit bekomme«, so die lakonische Zusammenfassung von Patrick Hohmann, der den Schluss zieht: »Eine Bank kann dir keinen Kredit geben, wenn du einen brauchst.« 2018 etwa sah die Remei AG einem Liquiditätsengpass entgegen. Der Grund dafür war eigentlich erfreulich: In Tansania hatten die Bio-Bauern eine Rekordernte eingebracht und plötzlich waren Prämienzahlungen in sechsstelliger Höhe fällig – eine sehr viel größere Summe als im Vorjahr. Die Prämien werden den Bauern unmittelbar nach Abgabe ihrer Baumwolle in den Sammelstellen bar ausgezahlt. Hereinholen kann die Remei AG das Geld aber erst wieder beim Verkauf der entkernten Rohbaumwolle, einige Monate nach der Auszahlung der Prämien.

Die Bank lehnte einen Überbrückungskredit ab, ganz einfach weil sie das Geschäftsmodell von Patrick Hohmann nicht nachvollziehen konnte. Warum sollte ein Unternehmen freiwillig auf Gewinn verzichten, um ihn schwächeren Geschäftspartnern zukommen zu lassen? Für die Bank reimt sich das auf nichts. Genau das aber tut die Remei AG: Das Unternehmen in Rotkreuz führt 20 % des Gewinnes in die bioRe® Stiftung ab. Pro Jahr sind dies in der Regel sechsstellige Beträge. Die Stiftung ihrerseits investiert das Geld in den indischen und tansanischen Anbaugebieten und finanziert Projekte zur Förderung der biologischen Landwirtschaft und zum Aufbau von Infrastrukturen in Bereichen Bildung, Ernährung, Gesundheit und Landwirtschaft.

Kleidungsstücke, durch die menschliche Wärme strömt
Alimentiert wird die Stiftung nicht allein von Beiträgen der Remei AG. Ziel ist es, dass auch die Abnehmer des Unternehmens, also die Käufer von Bio-Baumwolle und Bio-Textilien etwas beisteuern und das Modell eines partnerschaftlichen Handels mittragen. So ist etwa der Detailhändler Coop ein ganz wichtiger Geldgeber und ideeller Unterstützer für die Projekte der bioRe® Stiftung. »Ich muss meine Abnehmer aus der einseitigen Orientierung auf die Geldleistung herausbringen, damit sie ein Kleidungsstück verkaufen, das nicht einfach aus einem Preis besteht, sondern ein Kleidungsstück ist, durch das menschliche Wärme strömt«, erklärt Patrick Hohmann, dem viel daran gelegen ist, die Dimension menschlicher Beziehung in den Wirtschaftskreislauf einzubringen. »Ich will nicht Kleider für mich produzieren. Ich will nicht Kleider für die Kunden produzieren. Ich will Kleider produzieren, die in Interaktion stehen zwischen dem Bauern und den Kunden«, sagt Hohmann und lacht verschmitzt: »Ein bisschen gelingt mir das.«

Hohmann spricht damit eine eigentlich selbstverständliche und doch verblüffende Tatsache an: Bauer und Konsument, Bäuerin und Konsumentin, sie kennen einander nicht. Die Bäuerinnen und Bauern haben für gewöhnlich noch nie ein T-Shirt in Händen gehalten, das aus ihrer Baumwolle entstanden ist. Sie könnten sich das Produkt ihrer Anstrengung selber ohnehin nicht leisten. Als die indische bioRe® Stiftung im November 2018 einzelne, indische Bauern für 25 Jahre Mitarbeit auszeichnete und ihnen unter den Dorfbäumen von Ajandi in Madhya Pradesh ein T-Shirt aus ihrer Namaskaar-Baumwolle schenkte, war die tiefe Rührung der Bauern mit Händen zu greifen. Umgekehrt wissen wir Konsumenten nur ansatzweise, was es alles braucht, um schöne Stoffe zu produzieren. Im Grunde genommen blenden wir auch gerne die unangenehme Tatsache aus, dass die Vorgänge, die zu unseren Kleidungsstücken führen, unverhältnismäßig aufwendig und massiv unterbezahlt sind. Sobald man nämlich anfängt, sich Gedanken zu machen, gibt es nur zwei Optionen: den Griff zu fair produzierten, nachhaltigen Textilien oder schlaflose Nächte.

bioRe® Labels

Die 1997 gegründete bioRe® Stiftung hat eine weitere wichtige Aufgabe: Sie entscheidet über die Vergabe des Labels bioRe® Sustainable Cotton und bioRe® Sustainable Textiles, die von Handelsmarken genutzt werden, um den hohen Standard ihrer nachhaltigen Textilien an die Endkonsumenten zu dokumentieren. Die Unabhängigkeit der Stiftung ist somit eine Garantie, dass der hohe ethische und ökologische Standard nicht etwa aufgeweicht wird, wenn die Remei AG als Händlerin die Standards lockern möchte, um bessere Geschäfte zu machen. Die Gewaltentrennung ist ein Schutz vor allfälligen Versuchungen.

In diesem Zusammenhang interessant ist auch eine Neuerung, die 2004 eingeführt wurde. Seit diesem Jahr gehören bioRe® India Ltd., bioRe® Tanzania Ltd. und die beiden Stiftungen bioRe® India und bioRe® Tanzania den Bauern. Dies hat zur Folge, dass wesentlich mehr Verantwortung an die lokalen Fachkräfte delegiert wird. Die Stiftungsräte in Indien und Tansania sind mit indischen bzw. tansanischen Fachleuten besetzt und entscheiden selbst darüber, welche Projekte im Rahmen der Stiftungsziele sinnvoll sind. Das ist eine Stärkung der Partnerschaft auf Augenhöhe. Die bioRe® Stiftung bewilligt die Gelder, sofern diese in Vereinbarung mit dem Stiftungszweck stehen.

Patrick Hohmann liegt viel daran, auch die Organisationen an sich, die er aufgebaut hat, nachhaltig zu gestalten. Dadurch dass die bioRe® Firmen keine klassischen Töchter der Remei AG sind, gewinnen sie an Autonomie und Unabhängigkeit. Selbst im Falle eines Konkurses der Remei AG blieben sie geschäftsfähig. Die bioRe® India Ltd. und die bioRe® Tanzania Ltd. können, wenn es ihnen sinnvoll erscheint, Geschäfte unabhängig von der Remei AG tätigen. Immer unter der Voraussetzung natürlich, dass diese Geschäfte stiftungskonform sind. So startet beispielsweise bioRe® India Ltd. mit der Vermarktung von Bio-Gemüse. Da die Bio-Baumwolle im Fruchtwechsel angepflanzt wird, fällt Gemüse an, das biologisch ist. Bisher verkauften es die Bauern auf lokalen Märkten, allerdings ohne die Möglichkeit, den Mehrwert, den die Bio-Zertifizierung darstellt, abzuschöpfen. In Madhya Pradesh verdienen die Menschen so wenig, dass kaum jemand für Bio-Gemüse mehr zahlen könnte. Aber: In den indischen Großstädten gibt es eine zahlungskräftige Mittelschicht, die ohne Weiteres doppelt so viel zu zahlen bereit ist. Viele Angehörige der Mittel- und Oberschicht haben in den USA oder in England studiert und dort Bio-Produkte kennengelernt. Außerdem ist das Thema »Pestizide« durchaus ein Thema, das öffentlich diskutiert wird. Es gibt folglich einen Markt für indisches Bio-Gemüse, und diesen kann bioRe® India Ltd. in Eigenregie bearbeiten. Selbst in Indien, wo Patrick Hohmann und sein Team unzählige Rückschläge zu verkraften hatten, ist es somit gelungen, Entwicklungen anzuschieben, die für die beteiligten Bauern einen Mehrwert generieren.

S. 125, oben | **Das Handwebeprojekt Aavran Handlooms auf dem Gelände von bioRe® India Ltd. verschafft Frauen ein Zusatzeinkommen. Das unabhängige Unternehmen fertigt traditionelle, handgewobene Schals und Tischwäsche. Im Bild ist die Handweberin Kiran Bhalse.**

S. 125, unten | **Die bioRe® Stiftung finanziert Biogas-Anlagen, die den auf den Höfen anfallenden Kuhdung als Rohstoff nutzen. Das Biogas wird zum Kochen verwendet. Damit entfallen die aufwendige Suche nach Holz und das Einheizen. Die Frauen haben mehr Zeit für sich, ihre Kinder und für Tätigkeiten, die Geld generieren. Kanti Yadav kocht hier für ihre Familie.**

Oben | **Patrick Hohmann an einem der »Open House Days« in Indien. Besuch aus Übersee ist in den bioRe® Projekten ausdrücklich erwünscht. Umgekehrt haben tansanische und indische Projektteilnehmer die Möglichkeit, nach Europa zu reisen, um den Bestimmungsort der Bio-Baumwolle kennenzulernen.**

Rechts oben | **Die »Animation Schools« wurden eingerichtet, da die staatlichen Schulen für die Kinder im Anbaugebiet schlicht nicht zu erreichen sind.**

Rechts unten | **Inzwischen besuchen 1200 Kinder die bioRe® Schulen in Madhya Pradesh. Die Schulen stehen allen Kindern offen, nicht nur den Kindern der Projektbauern. Im November 2018 konnten die ersten Jugendlichen ihr Graduation-Abschlussdiplom entgegennehmen, eine Sensation in einer notorisch mit Bildung unterversorgten Gegend.**

Unten | **Es sind die Mädchen und die Frauen, die für die großen Familien das Wasser holen. Manchmal steht ein Handkarren zur Verfügung, oft aber wird der volle Eimer auf dem Kopf nach Hause gebracht. Um die Wege zu verkürzen, baut die bioRe® Stiftung Brunnen und große Wassertanks, in denen der Regen aufgefangen und bis zu 9 Monate gelagert werden kann.**

Rechts oben | **Das bioRe® Training-Center im Nimar-Tal, in Kasrawad. Hier erhalten die Bauern und zunehmend auch die Bäuerinnen Schulungen im biologischen Landbau.**

Rechts unten | **Ein eigens für bioRe® geschaffener Gesundheitsbus versorgt Patienten in abgelegenen Gegenden mit hochwertiger Medizin wie z. B. Ultraschall, Bluttest, Röntgen etc. Im Bild Jyoti Karma (Pathology Technician).**

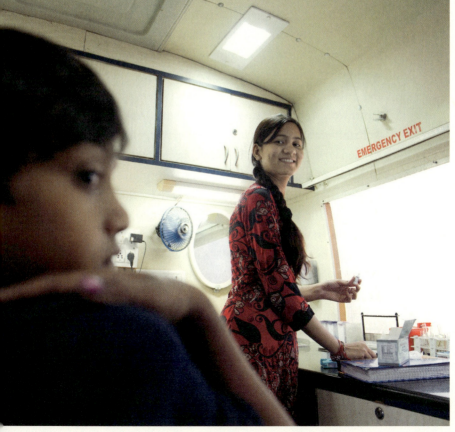

Transparenz und Rückverfolgbarkeit vom fertigen Kleidungsstück bis zum Bauern

»Wir verlassen uns nicht allein auf Zertifikate.«

Der Wunsch, sich ein Kleidungsstück in den Schrank zu hängen, das die Umwelt schont und allen Produktionsbeteiligten ein faires Einkommen verschafft, klingt erst einmal nicht besonders verwegen. Der Wunsch ist einfach, seine Erfüllung jedoch komplex, und sie wird von den Absurditäten einer entfesselten Branche begleitet. Das beginnt damit, dass Baumwolle zu billig ist. Zahlreiche Länder, insbesondere die USA und Europa, subventionieren den Anbau von Baumwolle und verursachen so künstlich verbilligte Überkapazitäten. Der Baumwoll-Ertrag deckt die Kosten des Anbaus nicht mehr. Aufgrund der Subventionen gibt es eine Marktverzerrung, sodass der Baumwollpreis den Aufwand, der beim Anbau des weißen Rohstoffes anfällt, nicht korrekt widerspiegelt. Bereits anfangs der 1990er-Jahre, als der Baumwollpreis noch bei 1 Dollar pro Kilogramm lag, stellte Patrick Hohmann einen Mangel an Kostenwahrheit fest. Inzwischen ist das Missverhältnis zwischen Aufwand und Ertrag noch größer geworden, denn der Baumwollpreis ist weiter gesunken und liegt bei aktuell 72 Cents pro Kilogramm für konventionelle Baumwolle.

In diesem Setting müssen nachhaltige Textilien bestehen. Im Grunde ist es ein Kampf zwischen *slow fashion* und *fast fashion*, denn die ständig sinkenden Preise befeuern die kurzlebigen Trends. Die Mode ist billig, die Konsumenten greifen öfter zu als nötig und füllen – wie man bei der japanischen Aufräumexpertin Marie Kondo auf Netflix exemplarisch sehen kann – ihre Kleiderschränke in einem Maß, das über das eigentliche Vergnügen am schönen Kleidungsstück hinausgeht. Hier als Unternehmen einen anderen Schwerpunkt zu setzen ist nicht einfach. Bereits die Steuerung der Anbaumenge ist für Remei eine große Herausforderung. Markus Kunz, der für das Supply Management und das Kontrollsystem der Remei verantwortlich ist, erläutert: »Bis konventionelle Bauern auf Bio umgestellt haben, dauert es drei Jahre. Wir müssen also die Bedürfnisse des Marktes um mindestens drei Jahre vorwegnehmen und abschätzen, wie viele Bauern die bioRe® Unternehmen unter Vertrag nehmen können. Da wir den Bauern eine Abnahmegarantie geben und für die Bio-Baumwolle eine Prämie von 15 % auf den Marktpreis bezahlen, können wir es uns nicht leisten, Überkapazitäten zu produzieren. Abnahmegarantie und Prämie können wir nur mit dem Verkauf fertig konfektionierter Ware finanzieren. Natürlich bauen wir zur Sicherheit immer etwas mehr Baumwolle an, als wir brauchen, einfach um lieferfähig zu bleiben.« Von den rund 2000 Tonnen entkernter Bio-Baumwolle, die die Remei jährlich erntet, gehen rund 1000 Tonnen in die eigene Wertschöpfungskette. Rund 500 Tonnen können als Bio-Baumwolle extern verkauft werden. Und weitere 500 Tonnen gelangen, da die Nachfrage nach Bio-Baumwolle nicht eben groß ist, in den konventionellen Markt. Bei diesen 500 Tonnen handelt es sich um reine Verlustminimierungsgeschäfte. Der Mehraufwand für den nachhaltigen Anbau kann bei diesem Verkauf nicht durch einen Mehrertrag wettgemacht werden: Die hochwertige Bio-Baumwolle geht zum Preis von konventioneller Baumwolle weg.

»Als ich bei Coop ausschied«, so Jürg Peritz, »hatte ich zum ersten Mal Gelegenheit, in die Bücher der Remei AG hineinzusehen. Die Finanzierungs- und Planungsprozesse gehören zu den Stärken von Patrick Hohmann als Unternehmer. Ich bin unglaublich beeindruckt von der Professionalität, mit der das bei Remei gemacht wird.« Tatsächlich hat die Remei AG ein Kontrollsystem implementiert, das garantiert, dass der Nachhaltigkeitsgedanke entlang des gesamten Produktionsprozesses verwirklicht wird. Das ist eine nicht zu unterschätzende Leistung, denn Remei arbeitet mit rund 35 Lieferbetrieben weltweit zusammen. Zu ihnen gehören Entkernungsbetriebe und Spinnereien in Indien und Tansania, sowie Unternehmen in Indien, Tansania und Litauen, die aus Garn Stoffe produzieren, die färben, ausrüsten, bedrucken, zuschneiden und konfektionieren.

Der Rohstoff und die Halbfabrikate legen von Kontinent zu Kontinent weite Wege zurück. Immer muss sichergestellt werden, dass der Warenfluss korrekt abläuft und dass wirklich die Waren verarbeitet werden, die man geliefert hat. Ist die Bio-Baumwolle innerhalb einer Fabrik ausreichend als Bio-Ware markiert? Wird sie getrennt gelagert und korrekt separiert von konventioneller Baumwolle? Wenn graumeliertes Mélange-Garn aus weißen und grauen Baumwollflocken gesponnen wird, ist da wirklich die schwarze, nach den chemischen Vorgaben von Remei angesetzte Faser drin? Das etwa sind Fragen, die beantwortet sein müssen. Dazu hat die Remei ein System der Rückverfolgbarkeit entwickelt, das jeder Partie und jedem Arbeitsschritt eine Identifikationsnummer zuordnet und von den Partnern lückenlos umgesetzt wird. »Die Rückverfolgbarkeit bewirkt, dass man immer die Wahrheit sagen kann. Nur wer transparent sein kann, kann auch authentisch sein«, so Hohmann. »Natürlich kann es trotzdem zu Fehlleistungen kommen, genau darum prüfen wir es ja.« Die Rückverfolgbarkeit ist übrigens auch für die Konsumenten überprüfbar: Jedes Kleidungsstück, das von Remei mit dem Label bioRe® Sustainable Textiles ausgelobt wird, weist einen QR-Code auf, der die Lieferkette nachweist. Plaudert man dadurch nicht auch Geschäftsgeheimnisse aus? Schließlich sind Lieferantenadressen in der Branche üblicherweise gut geschützte Geheimnisse. Der Atmosphärenphysiker und Umweltwissenschafter Markus Kunz verneint. »Wir möchten doch sehr gerne nachgeahmt werden«, meint er und lächelt.

Die Ansprüche, die Remei an sich selber hat, sind hoch und ganzheitlich. Sie gehen über die Anwendung der gängigen Branchenstandards wie zum Beispiel den Global Organic Textile Standard (GOTS), dem bekanntesten Standard für nachhaltig produzierte Textilien, hinaus. Die Schwerpunkte von GOTS liegen auf dem Einsatz zertifizierter Bio-Baumwolle und der nachhaltigen Weiterverarbeitung. GOTS stützt sich auf Nachweispapiere. Über die Stufe davor, über den Anbau von Bio-Baumwolle, aber vor allem über den Umgang mit den Baumwollbauern, gibt GOTS keine Auskunft. Gerade dieser Punkt aber ist das vitale Anliegen von Patrick Hohmann. Sein Lebenswerk ist der Besserstellung der Bauern gewidmet, da er der Überzeugung ist, dass nur eine gesunde Landwirtschaft, deren Leistungen geschätzt und entsprechend honoriert werden, zu einem gesunden Sozialwesen führt. Wie bereits erwähnt, ist Remei folgenden Werten verpflichtet: biologische Baumwolle, faire Produktion, ökologisch und hautfreundlich, CO_2-neutral und rückverfolgbar bis zum Anbau. Da es bislang keinen Standard gibt, der diese Werte für sämtliche Stufen vom Anbau bis zum fertigen Bekleidungsteil abbildet, wurde mit bioRe® Sustainable Textiles ein eigener Standard geschaffen und niedergelegt. Das ist ein Novum.

Es gibt anerkannte Standards bis und mit entkernter Baumwolle. So lässt die bioRe® Stiftung ihr Label für Bio-Baumwolle bioRe® Sustainable Cotton von Flocert auditieren, einer

Tochtergesellschaft von Fair Trade International. Die übrigen Produktionsschritte jedoch müssen von Remei einzeln überprüft werden. Während in der Branche versucht wird, diese komplexen Herausforderungen mit Zertifikaten zu einzelnen Teilaspekten zu beantworten, geht Remei deshalb einen eigenen Weg und gestaltet die komplette Lieferkette von der Faser bis zum Fertigtextil ökologisch, sozial und transparent.

bioRe® Sustainable Textiles gilt nicht umsonst als weltweit höchster Standard für Textilien aus Bio-Baumwolle. Sichtbar wird das u.a. daran, dass Remei ihre Partner dazu einlädt, den Standard SA8000 zu erfüllen. SA8000 basiert auf Konventionen der Internationalen Arbeitsorganisation (ILO) und der Vereinten Nationen (UNO). Er sagt nicht nur etwas über die Arbeitsbedingungen, Mindestlöhne und Arbeitsplatzsicherheit aus, SA8000 geht weiter und verankert die sozialen Werte im Management. »Unsere Partner haben damit gute Erfahrungen gemacht«, weiß Markus Kunz zu berichten. »Gerade neulich habe ich mit einem indischen Partner gesprochen, der SA8000-zertifiziert ist und mir sagte, dass viele Ideen im Bereich Arbeitsplatzsicherheit oder Produktivität von den Arbeitern selbst kämen. Für ihn als Unternehmer sei überdies die Kommunikation oft einfacher, wenn sie über die Arbeitnehmer-Vertretung gehe.« Marion Röttges, Co-CEO von Remei, bestätigt die Vorteile von SA8000: »Es ist eben ein ganz anderer Ansatz, ob der Fortschritt vom Management proaktiv vorangetrieben wird oder ob nur ein Inspektor vorbeikommt, der eine Momentaufnahme macht. SA8000 verpflichtet Unternehmer dazu, eine policy zu formulieren, IST- und SOLL-Analysen zu machen und die Fortschritte zu dokumentieren. Auf dieser Basis einer kontinuierlichen Entwicklung arbeiten wir mit unseren Produktionspartnern zusammen.«

Auch bei Remei selbst versteht man Nachhaltigkeit als dynamischen Prozess. Das Unternehmen ist bestrebt, die eigenen Standards stetig zu verbessern. »Wir wollen den Auditoren Gelegenheit geben, Verbesserungsvorschläge zu machen«, erklärt Markus Kunz. Begonnen hat es mit den ökologischen Fragen: zunächst Kinderarbeit, danach bearbeitete man das Thema »detox« im Bereich Färben und geschlossenem Wasserkreislauf. Zuletzt hat man die CO_2-Neutralität angepackt. Heute ist das Unternehmen CO_2-neutral, keine kleine Sache in der transportintensiven Textilindustrie. Kompensiert werden kann vor allem dank der über 3000 Biogas-Anlagen auf indischen Bauernhöfen. Diese verwerten Kuhdung, befeuern Kochstellen und kompensieren so über 7000 Tonnen CO_2. Hier schließt sich der Kreis wieder zwischen dem textilen Produkt und dem Bauern am Anfang des Produktionsprozesses. Derzeit beschäftigt sich Markus Kunz vor allem mit Menschenrechtsfragen und deren Standardisierungsmöglichkeit innerhalb der gesamten textilen Kette. Das bereitet gelegentlich Kopfzerbrechen, denn nur schon beim existenzsichernden Einkommen für Bauern und beim Lohn der Textilarbeitenden gibt es unterschiedliche Berechnungsmethoden. Auch der Anspruch von Remei, dass nicht nur die Näherinnen einen existenzsichernden Lohn erhalten, sondern dass alle Berufsgruppen innerhalb des Herstellungsprozesses berücksichtigt werden, befindet sich außerhalb der gängigen Standards. Markus Kunz hat bereits niedergeschrieben, wie Remei die fünf Werte, für die sie steht, lückenlos zu kontrollieren gedenkt. Er ist zuversichtlich, dass das Unternehmen bis spätestens Ende 2020 zu einem von unabhängigen Dritten auditierten Standard für das hauseigene Label bioRe® Sustainable Textiles kommt. »Wir wissen, dass wir ein gutes Label haben, und die Leute vertrauen uns, aber wir brauchen eine Instanz, die uns das auch bescheinigt.« Remei wäre damit das erste und einzige Unternehmen weltweit, das über die gesamte Textilkette hinweg anerkannt nachhaltig und fair ist.

Obwohl das Unternehmen alles unternimmt, um hohe Standards zu erfüllen und sich diese bestätigen zu lassen, ist Patrick Hohmann überzeugt, dass letztlich die eigene Verantwortung am meisten zählt. »Wir betrachten die Zertifizierungen als Erfüllungsgehilfen. Das unterscheidet uns von anderen Anbietern, für die alles in Ordnung ist, solange die Papiere stimmen. Wir dagegen verlassen uns nicht allein auf die Zertifikate. Sobald wir den leisesten Verdacht haben, dass mit unserer Baumwolle etwas nicht stimmt, gehen wir der Sache nach.« Dies ist auch deshalb nötig, weil die Seriosität der Zertifizierungen von Land zu Land schwanken kann. Wenn immer möglich, schickt Remei Prüfer aus der Schweiz in die Produktionsgebiete. Das ist aber nicht in allen Ländern erlaubt. In Indien beispielsweise verlangt die Regierung, dass einheimische Prüfungsinstanzen mit der Zertifizierung beauftragt werden. »Wir nehmen unsere Werte sehr ernst«, meint Markus Kunz zum Thema der Zertifizierungen, bringt aber gleichzeitig einen Aspekt ins Spiel, der bei Remei auf allen Ebenen wichtig ist. »Am besten ist es aber, möglichst oft persönlich vor Ort zu sein, die Beziehungen zu den Menschen in den Produktionsbetrieben zu pflegen und im gemeinsamen Gespräch zu klären, wo sich etwas verbessern lässt.«

Das Lebenswerk loslassen

»*Es gibt genügend Menschen, die Verantwortung übernehmen.*«

Patrick Hohmann, heute 68 Jahre alt, hat einen weiten Weg zurückgelegt. Das Unternehmen, das er gegründet hat und die Stiftung, die aus diesem Unternehmen heraus entstanden sind, tragen deutlich seine Handschrift. Hohmann hat sich vom Garn- und Baumwollhändler zum Produzenten von Bio-Baumwolle entwickelt. Er ließ anschließend Garn aus dieser Bio-Baumwolle spinnen und verkaufte es. Als er schließlich mit Jürg Peritz und Coop verlässliche Partner fand, konnte Hohmann nach und nach den gesamten Produktionsprozess nachhaltig gestalten: entwerfen, färben, bedrucken, zuschneiden, nähen, mit Knöpfen und Reißverschlüssen ausrüsten, verpacken, liefern. Remei präsentiert sich heute als ganzheitlicher Anbieter von Lösungen für die Produktion von nachhaltigen Textilien. Die bioRe® Stiftung garantiert mit den Labels bioRe® Sustainable Cotton und bioRe® Sustainable Textiles einen einzigartig hohen ökologischen und sozialen Standard. Darüber hinaus engagiert sich die Stiftung mit einem ganzheitlichen Verständnis für die Belange der Bäuerinnen und Bauern, ihrer Familien, der Dorfgemeinschaft und für eine intakte Natur. »Fairer Handel bedeutet: Der andere verdient über das Lebensnotwendige hinaus so viel, dass er Raum hat, sich zu entwickeln.« So definiert es Patrick Hohmann, um als Pragmatiker verschmitzt hinzuzufügen: »Fairness bedeutet aber auch: Jeder ist ein bisschen glücklich und ein bisschen unglücklich zugleich.« Auch wenn es dem Unternehmer gelungen ist, gegen den Goliath einer übermächtigen Industrie ein alternatives Geschäftsmodell zu etablieren, so hat er doch niemandem einen Rosengarten versprochen.

Nachfolgeregelung als Herausforderung

Es stellt sich natürlich die Frage, wie es mit einem Unternehmen weitergeht, das abhängig vom Charisma einer Gründungspersönlichkeit ist. Wie wird das werden bei der Remei und bei der bioRe® Stiftung, wenn Patrick Hohmann sich eines Tages ganz zurückzieht? Wie wird das sein? »Anders«, meint Hohmann lakonisch. »Individualität ist nicht serialisierbar, aber es gibt immer Menschen, die bereit sind, Verantwortung zu übernehmen.«

Nicht immer war Patrick Hohmann so optimistisch. 2009 hatte er aufgrund einer Sepsis ein multiples Organversagen erlitten. Nach drei Wochen im Koma und sechs Wochen in der allgemeinen Abteilung, während derer er um sein Leben gerungen hatte, stellt er fest, dass er sich dringend um seine Nachfolge kümmern muss. Sehr früh schon hatte sich Hohmanns ältester Sohn, Patrick Hohmann jun., für die Nachfolge interessiert. »Welchen Vater freut es nicht, wenn sein Sohn sich für das Geschäft interessiert, das er aufgebaut hat?«, meint Elisabeth Hohmann zu diesem Thema. Patrick Hohmann jun. hatte Karriere bei einem Technologiekonzern gemacht, wo der studierte Betriebswirtschafter als Marketingverantwortlicher große Projekte leitete. Daneben saß er bereits im Verwaltungsrat der Remei AG.

Nach Abschluss eines größeren Projektes und ohne seinen Vater zu verständigen kündigt Patrick Hohmann jun. seinen Job im Technologiekonzern. Er hat einen Traum: Er will ein eigenes Unternehmen gründen und aus Weltraumschrott

Luxusuhren produzieren. Hohmann jun., ein Abenteurer wie sein Vater, fährt wochenlang durch die kasachische Steppe, um Reste von russischen Sojus-Raketen aufzukaufen. Er übersteht endlose Wodka-Orgien, wird als westlicher Spion verdächtigt, begegnet undurchsichtigen Geschäftsleuten, schafft es am Ende aber doch, Teile von sowjetischen und russischen Raketen zu kaufen und in die Schweiz transportieren zu lassen. Die Uhrenmarke ist aufgegleist, als Patrick Hohmann sen. seine Frau und seine vier Kinder zum Notar bestellt und ihnen eröffnet, dass es darum gehe, gemeinsam zu bestimmen, wie es mit der Firma weitergehe. Als Nächstes lässt der Senior ein Assessment durchführen. »Es kam, wie es kommen musste. Mein Vater stellte mir ein Ultimatum«, schreibt Patrick Hohmann jun. in »Werenbachs Uhr«, seinem autobiografisch inspirierten Roman. »Seine Nachfolge oder Werenbach. Darauf war ich nicht vorbereitet.«[5] Als der Sohn dem Vater vorschlägt, die Vermarktung der Weltraumuhr als Hobby neben der Arbeit als Remei-CEO weiterzubetreiben, entscheidet sich der Senior für eine andere Lösung: »Ich merkte, dass seine Leidenschaft die Uhr war und dass er eher das machen sollte.« Für beide Männer war dies ein schmerzlicher Moment. Der junge Unternehmer verlor die berufliche Perspektive, auf die er sich mit seiner Ausbildung und seiner beruflichen Laufbahn vorbereitet hatte. An Vater Hohmann nagte die Schuld, den stets für den Posten vorgesehenen Sohn nicht als CEO eingesetzt zu haben. 2015 wird ein externer Nachfolger aufgebaut. Zunächst scheint dieser das Unternehmen voranzubringen, doch dann fehlt es an der Kultur des Dialoges, intern und mit den Teams der Projekte in Indien und Tansania, an jener Kultur also, die bei Remei so entscheidend ist für den Erfolg. Die Firma gerät in Schieflage.

Simon Hohmann

Seit April 2018 wird die Firma von zwei Co-CEOs geleitet: Von Simon Hohmann, dem zweitgeborenen Sohn der Hohmanns, und von Marion Röttges, die seit 2004 für Remei arbeitet. Simon Hohmann, geboren 1977, hatte sich aus der Nachfolgefrage stets herausgehalten. Begonnen hatte er seine berufliche Laufbahn mit einer kaufmännischen Lehre in der Halbleiterindustrie. Als er 2003 zur Remei stieß, hatte er bereits Erfahrungen in der Exportabteilung einer Firma für Medizinaltechnik gesammelt. Bei Remei begann er in der Konfektion, bildete sich daneben weiter zum eidg. dipl. Betriebswirtschafter. »Ob jetzt ein T-Shirt dieses Blau aufwies oder ein bisschen ein anderes, und ob das Blau jetzt mehr oder weniger Gelb enthielt, das waren Dinge, die mich nicht so stark interessiert haben. Zum Textil-Design konnte ich anfangs noch keine Liebe entwickeln«, gesteht Simon Hohmann. Eigentlich hatte er vor, die väterliche Firma wieder zu verlassen, als ihn sein Vater darauf aufmerksam machte, dass die Leitung des Garnhandels bald neu besetzt werden müsse. Ob das nicht vielleicht etwas für ihn wäre? »Der Garnhandel wurde von Ernst Ehrismann geleitet. Das war eine richtig gute Person, ich habe sehr gerne mit ihm zusammengearbeitet«, erinnert sich Simon Hohmann. Nach der Pension von Ehrismann wird Simon Hohmann dessen Nachfolger, winkt aber stets ab, wenn der Vater und der Bruder auf die Nachfolge zu sprechen kommen. »Mein Vater hatte das Pech, den Sohn in der Firma zu haben, der sich für die Nachfolge nicht interessierte. Vielleicht wäre vieles einfacher gewesen, wenn ich schon 2003 gesagt hätte: Ich mache es.« 2013 verlässt Simon Hohmann das Unternehmen und wechselt zu einem Hersteller für technische Stanzteile aus Kunststoff, wo er den Vertrieb leitet. Parallel dazu absolviert er den MBA an der Hochschule Luzern. Erst mit der Außensicht beginnt er zu verstehen, was die Remei-Kultur eigentlich ausmacht. »Als ich zwanzig war, konnte ich weder mit Bio noch mit fairer Baumwolle etwas anfangen. Jetzt bin ich vierzig und interessiere mich dafür. Wer weiß? Vielleicht werde ich mich mit sechzig dann auch für die Anthroposophie interessieren«, meint Simon Hohmann.

Simon Hohmann steht heute dem Bereich Finance, Cotton & Yarn vor. Betriebswirtschaft, Zahlen, Kalkulationen, das sind Dinge, die ihn begeistern. Zumal er es schätzt, dass bei Remei auch unwirtschaftliche Gedanken ihren Platz haben dürfen. Sehr viel Respekt flößt ihm die soziale Seite seiner neuen Stellung als Co-CEO ein. »Die Bio-Fragen, der faire Handel, das Soziale sind Bereiche, in denen eins und eins nicht unbedingt zwei ergeben. Diese Themen stehen oft in einem Zielkonflikt. Das prägt unseren Geschäftsalltag. Wenn man diesem System einen Fehler implementiert und auf das falsche Ziel fokussiert, hat das eine enorme Tragweite. Schließlich hängen Tausende von Menschen von uns ab. Alleine hätte ich die Geschäftsführung nicht machen wollen. Dann kam die Idee einer Co-CEO-Lösung mit Marion auf, was für mich eine sehr gute Lösung ist.«

Marion Röttges

Marion Röttges, die nicht in Reutlingen, sondern an der Hochschule Kaiserslautern Textilingenieurin studierte, verantwortet bei Remei als Co-CEO den Bereich Apparel & Communication. Sie weist ebenfalls mit Nachdruck auf die ungeheure Komplexität des Geschäftsmodells hin. »Ich kann mir nicht vorstellen, dass eine Person das alleine machen kann. Im konventionellen Handel ist es ja so: Ein Designer hat eine Idee, platziert diese bei einem Agenten, und dann wird das gemacht und zwar egal wo, einfach beim günstigsten Anbieter. Bei Remei ist es so, dass man die Baumwolle aufkauft, die für eine bestimmte Breite von Textilien super einsetzbar ist, für andere aber nicht. Wir sind im Bereich mittelstapeliger Baumwolle tätig, d.h. dass die Faserlänge zwischen 22 und 29 mm beträgt, eine Länge, die für die meisten Textilien eingesetzt werden kann. Für ganz feine Baumwollstoffe bräuchte es dagegen langstapelige Baumwolle. Wir berücksichtigen bereits bei der Produktentwicklung die Eignung unserer Baumwollfaser für die Endprodukte unserer Kunden. Man nimmt vom Anfang bis zum Ende die volle Verantwortung auf sich und das ist es ja, was das Ganze so komplex macht.«

Marin Röttges weiß, wovon sie spricht, denn während Jahren war sie für das Qualitätsmanagement eines großen, international tätigen Handelskonzerns mit Sitz in Zug tätig. Am Montag lagen jeweils drei Flugtickets auf ihrem Schreibtisch, und dann flog sie Woche für Woche einmal quer durch die Welt und stand in den Produktionsbetrieben. In Färbereien, in Konfektionsbetrieben, in Gerbereien. Dort beobachtete Marion Röttges, unter welchen Bedingungen die Menschen ihre Leistung erbrachten, und sie sah auch die ökologischen Kollateralschäden, die aufgrund der einseitigen Orientierung auf den Preis entstanden. Einer von sechs Menschen auf der Welt arbeitet direkt oder indirekt für die Modeindustrie, die gleich nach der Ölindustrie jene Branche ist, die den Planeten am meisten verschmutzt. 80 Milliarden Kleidungsstücke werden jedes Jahr produziert, das sind 400 % mehr als noch vor 20 Jahren. Wenn man bedenkt, dass die Menschen noch bis in die 1960er-Jahre hinein vorwiegend Kleider trugen, die in ihrer Umgebung produziert worden waren, erhält man eine Vorstellung vom Ausmaß der ökologischen und sozialen Kosten.[6]

2003 wurde Marion Röttges schwanger, die Einkaufsabteilung ihres Arbeitgebers zog von Zug nach Hongkong. Für Röttges war klar, dass sie nicht länger im konventionellen Handel arbeiten wollte. »Mich hat immer nachdenklich gestimmt, wieso man Dinge kauft bzw. für ein Unternehmen arbeitet, das Dinge auf eine Art und Weise produzieren lässt, wie man selber nie arbeiten möchte. Ich würde nicht mit nackten Füßen in einer Gerberei stehen wollen. Ich möchte nicht ohne Schutzmaßnahmen in einer Textildruckerei arbeiten oder Jeans sandstrahlen. Ich befand mich aber in einem System, in dem man genau das von den Menschen verlangt hat. Die Einkäufer haben sich sehr selten in die Details einer sinnvollen Produktion eingearbeitet, denn es war ja so, dass sie heute Kleider, morgen Schuhe und übermorgen Pfannen einkauften.«

Neben dem Preisdruck ist die im Kapitalismus übliche Zerlegung in unzählige, von niemandem als Ganzes zu überblickenden Arbeitsschritte der stärkste Antrieb für eine unfaire Produktion. Die Zerstückelung in Mikro-Aufgaben führt zu einer Fokussierung auf die einzelne Aufgabe und zu einer Entpersonifizierung der Arbeitsprozesse. Wie kann ich für das große Ganze verantwortlich sein, wenn ich mich hier gerade nur darum kümmere, die Hosenknöpfe anzunähen? Und woher soll die Dringlichkeit kommen, mich mit anderen Menschen zusammenzutun, um einer zerstörerischen Industrie Einhalt zu gebieten, wenn ich Tag für Tag bloß mit einer winzigen Spezialaufgabe beschäftigt bin? »Teile und herrsche«, wusste schon Macchiavelli. Diesen Grundsatz wendet der Kapitalismus nicht nur beim Umgang mit Menschen an, sondern auch bei der Zergliederung der Arbeitsprozesse, die das Gefühl, verantwortlich zu sein, zerstört.

Verantwortlichkeiten klären, entflechten
Als Marion Röttges von Patrick Hohmann hört, ruft sie ihn an und wird in der von ihm typischen Weise eingestellt. Er schafft für Röttges den Posten, den es in seinem Unternehmen noch

gar nicht gibt: Wenige Monate, nachdem ihr erstes Kind auf die Welt kommt, beginnt sie mit dem Qualitätsmanagement bei Remei. Hohmann signalisiert schon bei den ersten Gesprächen, dass sie für ihn als Nachfolgerin infrage kommt. Röttges kann sich das aber nicht vorstellen, vor allem nicht in der Schweiz, wo die Kinderbetreuung für jede Familie eine Herausforderung ist. Dennoch ist sie bereit, Veranwortung zu übernehmen. Röttges hilft mit, Verantwortlichkeiten zu klären und das Unternehmen insgesamt unabhängiger von der Person Patrick Hohmanns zu machen. Dazu gehört auch die Entflechtung von Remei und der bioRe® Stiftung, deren operative Geschäfte mittlerweile Christa Suter unterstehen.

Die Zukunft kann kommen
Sowohl Simon Hohmann wie auch Marion Röttges sehen optimistisch in die Zukunft. Selbst die Tatsache, dass heute weniger Bio-Baumwolle angebaut wird als noch vor wenigen Jahren, werten die beiden nicht als Gefahr für ihr Geschäftsmodell. »Die Spreu trennt sich gerade vom Weizen«, kommentiert Simon Hohmann das aktuelle Marktgeschehen. »Übrig bleiben werden die Unternehmen, die es wirklich ernst meinen, für die Bio-Baumwolle eine Überzeugung ist. Wegfallen wird die breite Masse, die Fake-Bio-Baumwolle produziert, denn für die Einzelhandelsunternehmen ist das Thema zu heiß. Sie wollen keinen Reputationsschaden riskieren mit Ware, die nicht sauber ist.« Tatsächlich fällt auf, dass große, in jeder Innenstadt präsente Modemarken eine Weile lang intensiv für ihre Kollektionen aus »organic cotton« geworben haben, dass diese Kommunikation aber mittlerweile stark zurückgefahren wurde. Informationen dazu gibt es von den betreffenden Unternehmen keine. Fachleute vermuten aber, dass die Bio-Baumwolle der Massenmarken sich als GVO-verunreinigt erwiesen

hat und dass die großen Player darum sehr vorsichtig geworden sind.

Marion Röttges ist wie Simon Hohmann überzeugt, dass die potenzielle Käuferschicht für nachhaltige Textilien wächst, auch wenn sie weiß, dass es kein Osterspaziergang sein wird, Entscheider zu finden und langfristig für die bioRe® Labels zu gewinnen: »Wir befinden uns in einem Markt, in dem suggeriert wird, ›organic cotton‹ sei einfach. Die Messen, auf denen wir sind, boomen. Nachhaltige Textilien sind ein Trend. Da werden einfache Lösungen vorgegaukelt. Manchmal fragt man sich schon: Warum ist es bei uns so schwierig, was bei allen anderen so einfach erscheint?« Die größte Herausforderung sieht Röttges darin, dass der Handel sich aufgrund von Online-Shopping immens verändern wird und dass die Remei ihre Kunden bei diesem Prozess zu begleiten hat. Dabei könnte die Kommunikation bezüglich des ganzheitlichen Ansatzes von bioRe® zum Problem werden, denn der nachhaltige Ansatz ist informationsintensiv. Gleichzeit sinkt im Setting von Social Media laufend die Aufmerksamkeitsspanne, das vertikale Wissen nimmt ab. Dennoch steht für Marion Röttges eine Sache außer Zweifel: »Der Peak der sorglosen globalen Textilbeschaffung ist vorbei. Wir werden die Menschen finden, die das suchen, was wir machen. Die verstehen uns dann schon.«

»DER LEBHAG«
VON MEINRAD INGLIN

Patrick Hohmann zu seiner Lieblingserzählung »Der Lebhag«

Es gibt einen Text, der in der Gesprächen mit dir immer wieder auftaucht, den du oft zitierst. Es ist die Erzählung »Der Lebhag« des Schweizer Schriftstellers Meinrad Inglin (1893-1971). Wie bist du auf diesen Text gestoßen?

Die Schule hat mich überhaupt nicht interessiert, interessant an der Schule fand ich nur die Pausen. Die Matura wollte ich mit möglichst wenig Aufwand hinter mich bringen. Ich wusste, dass mein Deutschlehrer ein großer Kenner von Meinrad Inglin war. Aus diesem Grund hielt ich es für eine gute Idee, als Maturalektüre etwas von Meinrad Inglin vorzuschlagen. Ich entschloss mich für das Hotel »Excelsior« und dabei habe ich einfach kurz Texte von Meinrad Inglin beschnuppert. Ich suchte mir einfach den kürzesten Text von Meinrad Inglin aus, den ich finden konnte, und das war die Erzählung »Der Lebhag«. Der Text hat mir gleich gefallen, aber damals habe ich mir keine Gedanken zum Inhalt der Erzählung gemacht. Erst später habe ich eine Verbindung zwischen dem Text und meiner Tätigkeit erkennen können. Ich lese den »Lebhag« seit Jahrzehnten immer wieder, die Verbindung mit diesem Text wird immer tiefer. Bei jeder Lektüre entdecke ich etwas Neues.

Was fasziniert dich an diesem Text?

»Der Lebhag«: Ich finde nur schon den Titel sensationell. Wenn man die Umwelt zerstört, bricht das soziale Gefüge auseinander. Eine gesunde Landwirtschaft ist die Basis für ein gesundes Sozialwesen. Das beschreibt diese Erzählung ganz genau. Die Hecke wird zerstört, das Land erodiert und der Haussegen hängt immer schiefer. Die Kinder sind nicht mehr interessiert, die Eltern streiten, der Großvater wird griesgrämig. Die Erzählung zeigt, dass eine winzige Änderung große Folgen haben kann.

Ist für dich »Der Lebhag« eine Metapher für das Verhältnis des Menschen zur Natur?

Es braucht die Beziehung zur Natur und die Beziehungen von Mensch zu Mensch. In der Schweiz zum Beispiel gibt es Bauern, die gar keine Beziehung zur Erde haben, sondern bloß der Subventionen wegen bauern. Das bewirkt, dass sich auch das soziale Gefüge am Geld orientiert. Es fällt auf, dass das soziale Gefüge um Bio-Bauern herum intakt ist. Landwirtschaft mit immer größeren Feldern funktioniert nicht. Ganz im Gegenteil, es braucht kleine Organismen, die miteinander leben können. Der Lebhag in Inglins Erzählung ist einer von diesen kleinen Organismen. Der Hag für sich allein bewirkt schon, dass die Familie gut zusammenleben kann.

In Tansania gibt es keinen Zaun um das bioRe® Zentrum herum, hattest du diese Idee aus dem »Lebhag«?

Das Land einzuzäunen bringt gar nichts. Das bedeutet ja nur, dass alle anderen arm bleiben müssen. Wenn man Europa betrachtet, dann kommt man zu diesem Schluss. Wir wollen die anderen nicht teilhaben lassen an unserer Entwicklung. Im Gegenteil, wir sorgen dafür, dass sie weiter arm bleiben, damit wir reich bleiben können. Meiner Ansicht nach ist das der falsche Vorgang. Wir müssen unbedingt Räume schaffen, damit sich Menschen überall auf der Welt entwickeln können. Tarifvereinbarungen mit Minimumpreisen sind nicht der richtige Weg. Das führt nur dazu, dass man das Geld in den Vordergrund stellt und damit rechtfertigt, dass man weiterhin immer billiger und billiger einkaufen will.

Du hast einmal die Bedeutung der »unsichtbaren Kräfte« erwähnt: Was meinst du damit genau?

Nimm die Homöopathie: Man kann nicht beweisen, warum sie wirkt, aber sie wirkt. Oder die Bodenbeschaffenheit: 80 % der Mikroorganismen kennen wir nicht, aber sie wirken. Wenn wir die Erde untersuchen, auf der genmanipulierte Baumwolle wächst, dann sehen wir große Unterschiede. Wir können sie nicht messen, aber wir sehen den Unterschied. Die Artenvielfalt verschwindet immer mehr. Wenn wir leben wollen, dann müssen wir den unsichtbaren Kräften eine Chance einräumen. »Der Lebhag« ist auch so eine unsichtbare Kraft. Die Artenvielfalt lebt!

»Der Lebhag«
von Meinrad Inglin

Auf einer waldarmen offenen Hochebene hatten die Bauern alle Hecken bis auf eine ausgereutet und ihre Äcker und Wiesen mit leblosen Zäunen umgeben, die aus eisernen Pfosten und Drähten bestanden. Sie behaupteten, diese Zäune seien viel bequemer und sauberer, sie nähmen dem Boden kein Licht weg und gäben keine Arbeit mehr. Es schien ihnen gleichgültig, dass das Land nun öder aussah, sie kümmerten sich um den Nutzen und nicht um die Schönheit des Landes, dafür waren sie Bauern.

Die letzte grüne Hecke verdankte ihr Leben dem alten Bonifaz, der sie erhalten wollte und ihren kräftigen Wuchs alljährlich selber mit der Hagschere zurückschnitt. Sein Sohn Blasius, Bläsi genannt, hätte sie längst durch einen Drahtzaun ersetzt und gab dem eigensinnigen Vater nur unwillig nach. Das Grundstück bildete ein Rechteck. Die westliche Hälfte war Wiese, die östliche war stellenweise geackert. Zwischen den beiden Hälften stand, mit Stall und Scheuer zusammengebaut, das zweistöckige braune Holzhaus. Die Hecke grenzte das Heimwesen auf der Längsseite gegen Norden von der Wiese des Nachbars ab. Dieser Nachbar hatte ebenfalls einen Drahtzaun vorgeschlagen und bis jetzt nur darauf verzichtet, weil der alte Bonifaz auch ihm die Arbeit mit der Hagschere abnahm.

Es war eine dichte, volle Hecke aus Weißdorn, Feldahorn, Hartriegel und anderen Sträuchern, von Ackerwinden und Hopfen durchwachsen, mit Blumen und Tieren zu ihren Füßen, ein richtiger Lebhag. Wenn auf der Wiese das Emd gesammelt und auf dem Acker geerntet war, ging der alte Bonifaz eines Tages in der Herbstsonne von früh bis spät gemächlich dem Hag entlang. Er rauchte sparsam eine Deckelpfeife, die ihm in den grauen Bart hinabhing, seine gebräunte Glatze glänzte, und seine Augen blickten freundlich auf das Gestrüpp, wo ihm jeder besondere Strauch bekannt war. Über seiner mächtigen Schere, mit der er ruhig und gleichmäßig arbeitete, fielen Dornschosse, laubige Zweige und hochgewachsene Ruten zusammen. Häufig stoben Vögel vor ihm aus dem Dickicht, um eine Strecke weiter wieder einzufallen, und er brummte beruhigend. Ein Hase sprang ihm vor den Füßen weg, er blickte ihm lachend nach, wie er mit hochgestellten Löffeln flüchtete, und fand im Laub seine Sasse. Manchmal kam es vor, dass ein paar Haselruten plötzlich zu tanzen begannen und sich von ihm hinwegbewegten. »Potz Blitz und Donner«, rief er dann laut, »da springt mir ja der Hag davon!« Er lief den Ruten nach und klapperte mit der Schere, bis das Kichern hinter dem Hag sich zum entzückten Geschrei erhob und die Kinder auftauchten.

Die Kinder, ein Knabe und zwei Mädchen, durften auf der ganzen Wiese spielen, wenn sie gemäht oder abgeweidet war, aber sie strichen noch lieber dem Hag entlang, versteckten sich darin, machten Entdeckungen oder trolten an heißen Sommertagen in seinem Schatten herum. Der Hag war und blieb ihr Paradies, auch als sie zur Schule gingen. Nur hier und sonst nirgends im Umkreis fanden sie die ersten Schlüsselblumen, Buschwindröschen und Veilchen. Etwas später blühte stellenweise der Weißdorn, und es sah aus, als ob auf dem geschorenen grünen Lebhag Schneeflecken zurückgeblieben wären. Zu dieser Zeit schlug der Hag schon überall aus, und der Großvater Bonifaz zeigte den Kindern am stämmigen Ahorngeäst, das er doch kurz und kahl geschnitten hatte, die wunderbaren neuen Triebe. Er führte sie behutsam zu einem Vogelnest, das sie schützen sollten, und einmal zeigten auch sie ihm ein Nest, ein kugelrundes, festes Nest aus grünem Moos mit einem Schlupfloch, die Wohnung des Zaunkönigs. Im Mai sammelte der Großvater die Spitzentriebe der dünnen rauen Hopfenstängel, die ohne Halt schon hoch über den Hag hinaushingen, und machte daraus in einem Pfännchen mit Anken ein zartes Gemüse. Zwischen Dornen blühten Liguster, Heckenkirsche, Geißblatt, und im Sommer blühten an den Hagrändern hohe Spyräen, Akelei und andere Blumen, die nirgends auf der Wiese vorkamen. Im August war der Hag so hoch, dass ein erwachsener Mann nicht mehr darüber hinwegblicken konnte, und im Oktober leuchtete er mit seinem vielfältigen Laub unter dem tiefblauen Himmel, als ob er alle Farben des Herbstes auf sich versammelt hätte. Es gab noch viele Lebewesen, Tiere und Pflanzen, die hier eine letzte schützende Zuflucht fanden, aber verborgen oder unbekannt blieben. Der alte Bonifaz wusste nur, dass sie da waren, und freute sich darüber.

In einem nasskalten Herbst legte sich der Großvater für lange Zeit aufs Krankenlager. Bläsi und sein Nachbar hatten weder Zeit noch Lust, den Lebhag nun selber zu stutzen, dagegen beschlossen sie, ihn auszureuten. Im Winter gingen sie an die Arbeit, sie pickelten, schimpften und plagten sich viele Tage lang; der Hag mit seinem dichten Wurzelwerk hatte ein zähes Leben und machte ihnen mehr zu schaffen, als wenn sie ihn in zehn Wintern abwechselnd gestutzt hätten. Die Kinder schauten traurig zu. »Es ist doch schad!«, sagte das ältere Mädchen, aber der Vater erwiderte, es sei höchste Zeit, mit dem wüsten Gestrüpp, Unkraut und Ungeziefer abzufahren.

Als der Großvater im Sommer endlich aufstand und am Stock hinausging, sah er statt seines Lebhages nur noch einen eisernen Zaun. Er sagte kein Wort dazu, aber er schaute lange hin, als ob er es nicht begreifen könnte, und in seinem Blick erlosch die erwachende Lebensfreude seines heiteren Alters wieder. Er war der gute Geist des Hauses gewesen, jetzt wurde er grämlich und hinfällig. »Die Krankheit hat ihn hergenommen«, sagten seine Leute und dachten nicht, dass auch weniger als eine Krankheit einen alten Mann mit seinen lebenslangen Gewohnheiten dauernd verstimmen kann.

Die Kinder vermissten den Lebhag am stärksten. Sie kamen seither nicht mehr so rasch und gern von der Schule zurück, weil nun daheim etwas fehlte, das sie gelockt hatte. Wenn sie in der freien Zeit noch spielten, so verleidete ihnen das Spiel eher als sonst am unerschöpflichen Hag. Der Großvater konnte ihnen nun nichts mehr zeigen und fand keinen rechten Anlass mehr, sich mit ihnen abzugeben. Sie trauerten zwar dem Hag nicht allzu lange nach, und auf gesunde Kinderart vergaßen sie ihn zuletzt sogar; aber die gewaltsame Zerstörung ihres Paradieses hatte ihnen doch ein wenig von ihrer Lebensfreude genommen, und dieses Wenige einer so kostbaren Eigenschaft fehlte ihnen künftig. Sie wussten es nicht, aber sie waren nicht mehr so froh wie sonst.

Im Hag hatten immer viele Vögel gelebt, Meisen, Rotkehlchen, Zaunkönige und manchmal auch ein Weidenlaubvogel, ein rotrückiger Würger. Sie hatten sich vom Ungeziefer genährt und mehr davon vertilgt, als je ein Bauer auf seinem Grund und Boden vermuten würde. Jetzt waren die Vögel fort und kamen nicht mehr, sie lebten nur in Gehölzen und Hecken, wo sie Schutz fanden. Umso besser ging es von nun an dem kleinen Getier, das man mit Menschenaugen erst entdeckt, wenn es zu schaden beginnt. Die Blütenstecher zogen ihre Brut auf, die ohne Gefahr am Baum überwintern konnte. Auf dem Kartoffelacker nahm ein bisher kaum bekannter gefährlicher Käfer überhand. Blattschaben, Schnaken, Raupen und Larven aller Art gediehen ungehindert. Das ganze Jahr hindurch wunderte sich Bläsi über dies und das, über angestochene Blüten, kahlgefressene Zweige, zernagte Kartoffelstauden, wurmstichiges Obst. Das war aber nur der Anfang, das Ungeziefer vermehrte sich Jahr für Jahr, die Ernte wurde immer schlechter, der Ärger darüber immer größer.

Im Lebhag hatten Igel gewohnt und nachts auf ihren Streifzügen Engerlinge und Werren gefressen. Jetzt konnten sich die Igel hier nirgends mehr verbergen und zogen in eine Gegend, wo es noch Hecken gab. Genau so machte es eine Wieselfamilie, die aus ihren Schlupflöchern unter dem Hag endgültig verjagt worden war. Diese geschmeidigen schlanken Raubtierchen hatten hier jahraus, jahrein Feldmäuse vertilgt und sie unerbittlich bis in ihre Gänge hinab verfolgt. Jetzt vermehrten sich die Mäuse rasch und wurden zu einer Plage.

Bläsi fand das alles unbegreiflich. Er dachte selber nicht viel nach, er machte nur ungefähr, was auch seine Nachbarn machten.

Er war ein harmloser, gutmütiger Mann. Dennoch hatte er jetzt fast dauernd eine schlechte Laune, und seine Angehörigen litten darunter. Den anderen Bauern der Gegend aber war es schon vorher in all diesen Dingen ähnlich ergangen, und sie wunderten sich nicht, dass von den allgemeinen Plagen nun auch dem Bläsi sein Teil aufgeladen wurde.

Es kam noch ein trockenes, windiges Jahr dazu und hatte die übelsten Folgen. Alte Leute behaupteten, so schlimm habe es früher auch in längeren und windigeren Trockenzeiten nicht ausgesehen; es sei kein Segen mehr auf dem Land. Dafür war es nun ein offenes, sonniges, bis zur letzten Handbreite voll genutztes Land mit sauberen Drahtzäunen. Früher hatten die vielen Hecken den austrocknenden Wind abgewehrt oder vermindert, die bodenwarme Feuchtigkeit war erhalten geblieben, und in regenlosen Wochen hatte wenigstens der nächtliche Tau die Erde befeuchtet. Jetzt fuhr der Wind über das Land hin wie über eine kahle Steppe, und die paar Obstbäume hielten ihn nicht auf; er schadete dem Gras, das bei Wind nur ungern wächst; er trocknete den Tau rasch auf und nahm dem Boden die notwendige Wärme und Feuchtigkeit; er stäubte Erde von den ausgedörrten Äckern weg; er blies vom Grund der grünen Pflanzendecke die Kohlensäure, die sie zu ihrem Aufbau braucht, immer wieder fort. So geschah es in einer besonders windigen Trockenzeit, aber es geschah auch sonst in trockenen Sommerwochen, nur weniger auffällig, und der alte gesegnete Erdboden begann zu verarmen.

Das eine und andere Übel wäre erträglich gewesen, man hätte deswegen kein Geschrei erheben und nach der Ursache forschen müssen, aber alle zusammen waren schwer zu ertragen. Bläsi meinte, dies gehe nicht mit rechten Dingen zu. Wie konnte man sonst begreifen, dass von einem gewissen Jahr an gleichzeitig das Ungeziefer Blüten, Blätter und Früchte verdarb, zahlreiche Mäuse überall wühlten und nagten, das Wachstum auf Acker und Wiese zurückging!

Das war aber nur der Schaden, den man sehen und ungefähr schätzen konnte. Bläsi und seine Angehörigen erlitten noch einen anderen Verlust, der schwieriger zu erkennen und gar nicht zu berechnen war. Mit der Verstimmung des alten Bonifaz, der auch als Großvater lange der gute Geist des Hauses gewesen war, hatte es begonnen. Die scheinbar harmlose Enttäuschung der Kinder war dazugekommen, ihr leise abnehmender Frohmut, den sie später so notwendig gebraucht hätten. Der Ärger Bläsis über sein Missgeschick kam dazu, seine andauernde schlechte Laune, die auch seiner Frau das Leben schwer machte. Im ganzen Hause war niemand mehr zufrieden.

Die übrigen Bauern hatten angefangen, Maschinen und künstlichen Dünger zu verwenden und gegen die Insekten Gift zu spritzen. Bläsi sah eine Weile zu und fand am Ende, dass dies nur Geld koste, ohne viel zu nützen, und dass früher auch ohne diese künstlichen Mittel alles viel besser gegangen sei. Er hielt es nicht mehr der Mühe wert, sich abzurackern, und begann allerlei zu vernachlässigen. »Es ist wie verhext, da nützt doch alles nichts!«, rief er, und weil dies nicht zu ertragen ist, fing er an, sich mit Most und Schnaps zu betrinken, um es zu vergessen.

Seine ältere Tochter heiratete so bald als möglich, und auch die jüngere hielt es daheim nicht lange aus, sie zog fort und diente in einem ordentlichen Hause, wo es ihr besser gefiel. Sein Sohn, der in einer so schlechten Lehre heranwuchs und im Vater ein ungutes Beispiel vor Augen hatte, verlor die Freude an der Landwirtschaft. Er verschwand eines Tages und schrieb aus der Fremde, er arbeite nun in einer Fabrik, man möge ihn entschuldigen; hier brauche er sich nicht abzuschinden, habe seine freie Zeit und verdiene einen rechten Lohn.

Bläsi betrank sich an diesem Tage. Als seine Frau ihm Vorwürfe machte, wurde er wehleidig und rief, es liege nicht an ihm, dass alles missrate, es sei kein Segen mehr drauf, er wisse nicht warum.

Sie war eine herbe, schaffige Frau, aber nicht klüger als er. »Dann müssen wir um den Segen beten und häufiger in die Kirche gehen«, erwiderte sie. Es war ihr ernst damit, und da Bläsi trotz allem ein gläubiger Mann geblieben war, widersprach er nicht.

Gebet und Kirchenbesuch halfen den beiden eine Weile über die tiefste Entmutigung hinweg, aber der Ertrag stieg nicht. Wenn der Mensch den Sinn für das Wunderbare und Schöne der Natur verliert und weniger nach ihrer Weisheit als nach seinem eigenen Kopfe verfährt, die Mittel also verachtet oder missbraucht, die Gott ihm in die Hand gibt, so wird er in allen Kirchen der Welt vergeblich um Hilfe beten.

Bläsi trank weiter, und oft musste seine Frau alles allein besorgen. Eines Morgens, als er ernüchtert in der abscheulichsten Laune zu Tische kam, beklagte sie sich bitter darüber. Er wurde grob, und sie begannen laut miteinander zu streiten. Die Frau ertrug das nicht lange, sie brach in Tränen aus, wandte sich verzweifelnd an den alten Vater und rief, so könne es wahrhaftig nicht weitergehen, und sie wisse keinen Rat mehr.

Der Großvater Bonifaz, der altersschwach am Tische saß und zitternd sein Brot in den Milchkaffee tunkte, erwachte aus seiner Teilnahmslosigkeit, hörte eine Weile zu und sagte dann mit leiser, rauer Stimme: »Müsst die Drahtzäune ausreißen und grüne Lebhäge pflanzen, dann wird es schon allmählich wieder besser gehen.«

Bläsi und seine Frau sahen nicht ein, dass es daran liegen sollte, und fanden den Rat des Alten überaus töricht. Sie plagten sich noch so lange ab, bis der Großvater gestorben war, dann verkauften sie das vernachlässigte Heimwesen und zogen fort. Ihnen fehlte der rechte Sinn für die Erkenntnis, die der Großvater mit der einfachen Weisheit seines erfahrenen Alters gefunden und ausgesprochen hatte, wie er auch den übrigen Bauern dieser Gegend fehlte. Die Zeit dafür war hier noch nicht gekommen.

Es schien auf den ersten oberflächlichen Blick seltsam, dass etwas so Geringfügiges, längst Vergessenes wie das Ausreißen eines Lebhages am Unglück dieser beiden Leute schuld sein sollte. Aber es ist anderseits nicht seltsam, dass etwas so Schwebendes, Gefährdetes wie das menschliche Wohlergehen durch scheinbare Kleinigkeiten endgültig gestört werden kann. Der Frost braucht am Berghang nur ein paar Steine zu lockern, und der Felsblock darüber beginnt zu rutschen. Eine Träne genügt, um die Goldwaage aus dem Gleichgewicht zu bringen. Es kann im Landleben auch etwas anderes sein, an dem dies sichtbar wird, ein verkaufter Talboden etwa, der für ein Kraftwerk unter Wasser gesetzt wird, ein kahl geschlagener Wald, dessen Unentbehrlichkeit niemand erkennen wollte, oder auch nur eine schöne Baumgruppe, die man ahnungslos nach ihrem bloßen Geldwert eingeschätzt hat. Hier war es ein Lebhag.

ANHANG

Das müssen alle wissen, die Baumwolle tragen | Die Textilindustrie ist eine extrem arbeitsteilige Branche mit vielen Produktionsschritten. Diese durchqueren lange Zeiträume, betreffen auf mehreren Kontinenten unzählige Menschen mit ganz unterschiedlichen Berufen. Zwei bioRe® Labels garantieren höchste ökologische, soziale und ethische Anforderungen.

bioRe® Sustainable Cotton

Der weltweit höchste Standard für Bio-Baumwolle.

Die fair gehandelte Baumwolle, die mit dem Gütesiegel ausgezeichnet ist, stammt aus kontrolliert biologischem Anbau ohne Gentech und kommt von Kleinbauern in Indien und Tansania. Die Landwirte erhalten eine Abnahmegarantie für die Ernte und werden für ihre Baumwolle mit einer Prämie von 15 % über dem Marktpreis vergütet. Das Gütesiegel garantiert die ökologisch und ethisch einwandfreie Produktion vom Anbau bis zum Garn. Beim Anbau, der Entkernung und in der Spinnerei werden höchste Sozial- und Umweltstandards eingehalten. Die Produktion wird durch unabhängige Zertifizierer streng kontrolliert.

bioRe® Sustainable Textiles

Der weltweit höchste Standard für Textilien aus Bio-Baumwolle.

Die fair gehandelte Baumwolle in Textilien, die das Gütesiegel tragen, stammt aus kontrolliert biologischem Anbau ohne Gentech und kommt von Kleinbauern in Indien und Tansania. Die Landwirte erhalten eine Abnahmegarantie für die Ernte und werden für ihre Baumwolle mit einer Prämie von 15 % über dem Marktpreis vergütet. Das Gütesiegel garantiert die ökologisch und ethisch einwandfreie Produktion vom Anbau bis zum fertigen Textil. Bei der Herstellung der Baumwollprodukte werden höchste Sozial- und Umweltstandards eingehalten und keine Giftstoffe eingesetzt. Die einzelnen Produktionsschritte entlang der 100 % transparenten und CO_2-neutralen Lieferkette werden anhand des bioRe® Kontrollsystems und durch unabhängige Zertifizierer streng kontrolliert. Über einen Code in jedem Kleidungsstück können die einzelnen Produktionsschritte bis zu den Bauern zurückverfolgt werden.

Welchen Beitrag können Sie als Konsument/in leisten?

1. Kaufen Sie möglichst fair produzierte Kleider und behalten Sie sie lange. Denken Sie daran, dass die Entsorgung abgelegter Kleidung neue Probleme schafft.
2. Denken Sie mit Dankbarkeit und Wärme an die Menschen, die Ihre Kleider machen. Verbieten Sie sich Relativierungen in der Art: »Es gibt noch schlimmere Jobs«, oder: »Sie sind nichts anderes gewohnt.« Die Menschen, die Ihre Kleider machen, sind Menschen wie Sie und ich.
3. Entscheiden Sie sich beim Kleiderkauf möglichst oft für nachhaltig produzierte Textilien. Kollektionen mit dem bioRe® Label führen weltweit mehrere Anbieter, eine aktuelle Liste finden Sie hier: biore.ch/style-cases.
4. Wenn Sie Lust haben, können Sie Teil der bioRe® Familie werden, indem Sie die bioRe® Stiftung finanziell unterstützen: www.biore-stiftung.ch.
5. Nehmen Sie teil an der Fashion Revolution, speziell an der Kampagne #whomademyclothes, siehe www.fashionrevolution.org.
6. Lassen Sie sich auf das Abenteuer langfristiger Beziehungen ein. Betrachten Sie Enttäuschung als Vorstufe zum Gelingen.
7. Schöpfen Sie Mut und tun Sie sich mit anderen zusammen, um etwas zu verändern.
8. Vertrauen Sie auf das Einzelne, das Persönliche und die verwegene Möglichkeit, dass Würde wirklich existiert.

Anmerkungen

1 Beckert, Sven: *King Cotton – Eine Geschichte des globalen Kapitalismus,* C.H. Beck Verlag, München 2014, S. 15.
2 www.keine-gentechnik.de/dossiers/baumwolle-gentechnik/#c7632.
3 Meier-Rust, Kathrin: *Grosser Unbekannter der Moderne,* Neue Zürcher Zeitung, Ausgabe vom 9. Januar 2011.
4 Desi ist ein Sanskrit-Wort, das in Indien, Pakistan und Bangladesh verwendet wird. Es bedeutet »von unserem Lande kommend« und bildet mit dem Begriff »fremd« ein Gegensatzpaar.
5 Hohmann, Patrick: *Werenbachs Uhr,* bilgerverlag, Zürich 2015, S. 64.
6 Die Zahlen stammen aus dem Film »The true cost« von Andrew Morgan.

Bildnachweis

Bildreihenfolge von (links) oben nach (rechts) unten

© Marius Born | Umschlag, Cover, S. 28 [Bild 3], 29 [Bild 6], 30 [Bild 2, 4], 31 [Bild 3], 125 [Bild 2]

© Meinrad Schade | Umschlag, Porträt Nicole Müller

© Joerg Boethling | S. 22, 24 [Bild 1, 3, 4], 25 [Bild 3, 4], 26 [Bild 1, 3], 27, 28 [Bild 1, 2], 29 [Bild 2], 108f., 110, 111 [Bild 2], 127 [Bild 1], 146, 160

© bioRe® Stiftung | S. 24 [Bild 2], 111 [Bild 1], 127 [Bild 2], 128

© Remo Nägeli | S. 25 [Bild 1], 26 [Bild 2], 29 [Bild 3, 4]

© Till Müllenmeister | S. 25 [Bild 2]

© Hans Peter Jost | S. 26 [Bild 4], 29 [Bild 1], 125 [Bild 1], 129 [Bild 2]

© Christoph Kaminski | S. 28 [Bild 4]

© Remei AG | S. 29 [Bild 5, 7], 32 [Bild 2]

© Utenos | S. 30 [Bild 1], 31 [Bild 2]

© Georgios Kefalas | S. 31 [Bild 1], 72, 126, 129 [Bild 1]

© Sainath Ravi | S. 30 [Bild 3], 31 [Bild 4]

© NONOphotography & film | S. 32 [Bild 1], 33 [Bild 1, 2]

© Patrick Hohmann, Privatbesitz | S. 36, 37, 54, 55, 86f.

Dank

Ein Leben ist lang, ein Buch ist kurz. Nicht alle Menschen, die den Aufbau von Remei und bioRe® begleitet haben, sind hier ausführlich genug zu Wort gekommen. Ich möchte allen danken, die das Abenteuer nachhaltiger Textilien mit ermöglicht, mit entwickelt und die Verantwortung mitgetragen haben. Vor allem danke ich der Frau meines Lebens, Elisabeth Hohmann Holdener (Dida), meiner Gefährtin und verlässlichsten Unterstützerin und meinen Kindern Patrick, Elisabeth (Lisa), Simon und Martin. Ohne sie wäre nichts von dem, was in diesem Buch beschrieben wird, möglich gewesen.

Weiter danke ich:
Mrigendra Jalan, Peter Tschannen, Tadeo Caldas, Jürg und Eliane Peritz, Hans Ueli Loosli, Saro Ratter, Chattobai Somaia, P.V. Rajagopal, Niranjan und Priscilla Pattni, Rajeev und Ritu Baruah, Beat Bernet, Clemens Broer, Armin Holdener, Udo Hermannstorfer, Alfred Egger, Emanuel Büchlin, Simona Matt, K.K. Patodia, Harkishon Udani, Nasor Ali Farai, Hilde Mlosch gest., Roberto Müller, Wolfgang Mahrer, Rolf Schneider, Paul Bischofberger, Julius Reubke, Margrit Hugentobler, Judith Schuler Schmuki wie auch den Zukünftigen, die die Idee übernommen haben: Marion Röttges und meinem Sohn Simon Hohmann, Christa Suter, Markus Kunz, Philipp Wyss, Pia Bracher, Marco Paul, Charles Mabuga, Vivek Rawal, sowie alle vergangenen und jetzigen Mitarbeiterinnen und Mitarbeiter der Remei, der bioRe® Stiftung, der bioRe® Tanzania Ltd., der bioRe® Foundation Tanzania, der bioRe® India Ltd. sowie der bio-

Re® India Association und allen anderen, denen ich nicht gerecht werden kann mit der Auflistung ihres Namens, die aber alle einen wesentlichen Beitrag geleistet haben im Sinne des im Trainingscenter im Eingang festgehaltenen Spruchs:

»Heilsam ist nur, wenn im Spiegel der Menschenseele sich bildet die ganze Gemeinschaft und in der Gemeinschaft lebet die Einzelseele Kraft.« – Rudolf Steiner

Einen außerordentlichen Dank an den Regisseur Nino Jacusso, dem es im Film »Fair Traders« gelungen ist, jungen Menschen die Hoffnung zu vermitteln, die mich dieses lange Leben getragen hat, nämlich, dass wir auf Menschen verschiedener Kulturen zugehen und mit ihnen etwas gestalten können, so dass sie ein würdiges Leben haben mit einem sinnvollen Tun.

Meinen herzlichsten Dank der Autorin Nicole Müller, die sich in vielen Stunden die Geschichten meines Lebens angehört hat, die mit mir Tansania und Indien erlebt hat und mit einfühlsamen und verständnisvollen Worten meinen bewegten Lebensweg beschreibt und mich befeuert hat, dieses Buch zu veröffentlichen.

Und nicht zuletzt einen herzlichen Dank der Verlegerin Anne Rüffer und ihrem Team, insbesondere Saskia Nobir, die dieses Buch aufgenommen und wunderbar umgesetzt haben.

In Dankbarkeit
Patrick Hohmann

WEITERE BÜCHER AUS DER REIHE

rüffer & rub visionär

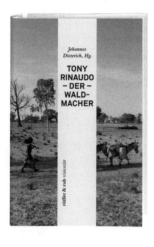

Johannes Dieterich, Hg.

Tony Rinaudo – Der Waldmacher

Broschur (deutsch)
ISBN 978-3-906304-18-2

Taschenbuch (englisch)
ISBN 978-3-906304-36-6

Beide Versionen sind als E-Book erhältlich.

Alternativer Nobelpreis 2018

Der australische Agrarökonom Tony Rinaudo revolutioniert mit der Farmer Managed Natural Regeneration (FMNR) die Wiederaufforstung in Afrika. Seine Methode beruht auf der Nutzung der auch in verödeten Landschaften noch vorhandenen Baumstümpfe und -wurzeln: Durch Schutz und Pflege von deren Trieben kann der ursprüngliche Baumbestand ohne großen finanziellen Aufwand wiederhergestellt werden. Inzwischen wird die Methode in mindestens 24 afrikanischen Ländern erfolgreich angewandt. Wo sich vor zwanzig Jahren noch die Wüste ausbreitete, forsten Farmer mit FMNR große Landstücke auf: Allein im Niger wurden auf diese Weise bereits sieben Millionen Hektar Land regeneriert.

Bis zu 700 Millionen Menschen werden in den kommenden drei Jahrzehnten möglicherweise ihre Heimat verlassen müssen, weil die Landschaften, in denen sie leben, zunehmend veröden. Nach Auffassung von Wissenschaftlern gibt es nur eine Hoffnung: Dass die einheimischen Farmer für ein »nachhaltiges Landmanagement« gewonnen werden.

Hans Herren

So ernähren wir die Welt

Broschur (deutsch)
ISBN 978-3-906304-05-2

Taschenbuch (englisch)
ISBN 978-3-906304-25-0

Beide Versionen sind als E-Book erhältlich.

»Eine Welt mit genügend und gesunder Nahrung für alle, produziert von gesunden Menschen in einer gesunden Umwelt« ist die Vision von Hans Rudolf Herren und seiner Stiftung Biovision.

Die Stiftung setzt sich in Afrika ein für die Entwicklung, Verbreitung und Anwendung von ökologischen Methoden. Der Fokus der Stiftung liegt auf der Informationsaufbereitung. Praxisorientierte Wissensvermittlung und der Wissensaustausch tragen dazu bei, dass die Menschen in Kenia, Uganda, Tansania und Ägypten selbstbestimmt und (umwelt)bewusst handeln. Basisprojekte wie die Malaria-Prävention oder die Einkommensförderung durch Medizinalpflanzen-Anbau verbessern die Lebensbedingungen der Menschen und dienen als Demonstrations- und Trainingsorte.

Ernst Bromeis

Jeder Tropfen zählt
*Schwimmen für
das Recht auf Wasser*

Broschur (deutsch)
ISBN 978-3-906304-06-9

Taschenbuch (englisch)
ISBN 978-3-906304-23-6

Beide Versionen sind als
E-Book erhältlich.

Wasser ist die Grundlage des Lebens auf der Erde – für Mensch, Tier, Natur. Doch diese Grundlage ist weltweit immer mehr gefährdet – durch Verschmutzung, die globale Erwärmung oder verschwenderischen Gebrauch im Haushalt. Wasser wird deshalb immer wertvoller. Weltkonzerne kaufen aus diesem Grund Wasserrechte. In der Schweiz wird darüber nachgedacht, Wasserkraftwerke an chinesische Firmen zu verkaufen.

Das Ziel von Ernst Bromeis ist es, den Menschen bewusst zu machen, dass Wasser nicht unendlich vorhanden ist. Es darf nicht sein, dass Großkonzerne Grundwasservorkommen ausbeuten und Menschen deshalb keinen Zugang zu Trinkwasser haben oder kein sauberes Wasser trinken können. Ernst Bromeis setzt sich mit spektakulären Aktionen dafür ein: U.a. durchschwamm er 2008 zweihundert Seen im Kanton Graubünden, 2014 schwamm er 1247 Kilometer vom Lago di Dentro bis zur Mündung des Rheins in den Niederlanden.

Susanna Fassbind

Zeit für dich – Zeit für mich

Nachbarschaftshilfe für Jung und Alt

Broschur
ISBN 978-3-906304-27-4
Auch als E-Book erhältlich

Alt und allein, in Not und niemand da – und dann? Dieses Buch handelt vom Geben und Nehmen, von Gemeinschaft und Fürsorge: Die Autorin Susanna Fassbind stellt das neue Modell KISS für ein solidarisches Zusammenleben vor. KISS – Keep it small and simple – ist ein Verein, der der Freiwilligenarbeit eine neue Dimension hinzufügt: die 4. geldfreie Säule der Vorsorge, damit Menschen im Alter oder in schwierigen Lebenssituationen zu Hause bleiben können und betreut werden durch erfahrene und motivierte Freiwillige. Diese Freiwilligen werden mit Zeitgutschriften honoriert, die sie selbst für schwierige Situationen und fürs Alter ansparen oder sofort einsetzen können. Die Autorin beschreibt, wie KISS den gesellschaftlichen Zusammenhalt in der Nachbarschaft stärkt und zugleich Staat und Private finanziell stark entlastet. Inzwischen gibt es neun KISS-Genossenschaften, und ihre Zahl wächst stetig.

Lynn Blattmann

Arbeit für alle
*Das St. Galler Modell
für Sozialfirmen*

Broschur
ISBN 978-3-906304-26-7

Auch als E-Book erhältlich

Die Schaffung von sinnvollen und sinnstiftenden Arbeitsplätzen für ausgesteuerte Langzeiterwerbslose und die mittel- und längerfristige Integration in den ersten Arbeitsmarkt – so lautet das ambitiöse und seit 20 Jahren erfolgreich realisierte Ziel der St. Galler »Stiftung für Arbeit«. 2008 wurde die Tochterfirma Dock Gruppe AG gegründet. An 15 Standorten in der Schweiz haben in dieser Sozialfirma seither nahezu 10 000 Langzeitarbeitslose gearbeitet. Das Modell beweist, dass für Langzeitarbeitslose Arbeitsmöglichkeiten zu volkswirtschaftlich günstigem Preis geschaffen werden können.

Die Autorin Lynn Blattmann ist davon überzeugt, dass eine Gesellschaft nur dann gerecht sein kann, wenn sie niemanden, der arbeiten will, von der Erwerbsarbeit ausschließt. In ihrem Buch »Arbeit für alle« zeigt sie auf, was es braucht, um eine Sozialfirma erfolgreich zu führen, und wie sich eine solche von klassischen Produktionsbetrieben unterscheidet.

Joachim° Ackva

Ein Konto für die ganze Welt

Broschur
ISBN 978-3-906304-04-5
Auch als E-Book erhältlich

Die Menschheit steht vor großen Herausforderungen. Frieden: Die Welt gibt mehr Geld für Rüstung aus als im Kalten Krieg. Wohlstand: Für viele nicht erreichbar. Naturerhalt: Seit 1970 halbierten sich die Populationen jener Tiere, die eine wichtige Grundlage des Ökosystems bilden. Die Politik ist zur Lösung der Probleme nicht fähig. Seit 2015 gibt es zwar erstmals in der Geschichte global verhandelte, konkrete Ziele, die 17 UN Global Goals. Doch das Allgemeinwohl ist nicht die Aufgabe nationaler Regierungen. Der nächste Schritt liegt bei der Zivilgesellschaft, bei jedem Einzelnen von uns.

Joachim° Ackva fordert, dass jeder Mensch auf ein Konto, welches das UN-Sekretariat verwaltet, freiwillig ein Tausendstel des Privatvermögens einzahlt. Damit könnten alle UN Global Goals entscheidend vorangebracht werden. Multinationale Umfragen weisen darauf hin, dass viele Menschen dazu bereit sind.